440 Preguntas de Examen de Patrón de Embarcaciones de Recreo.

Por temas, con soluciones, desde la Unidad 1 Tecnología hasta la Unidad 11 Carta de navegación. Y dos test de examen completos. A pesar de su título comercial, este libro contiene en total 500 preguntas de test de examen, ya que 60 preguntas más las hemos incorporado desde la primera versión.

I0150425

ISBN: 978-8460838203

INTRODUCCIÓN

Después de haber estudiado el temario del Libro de Patrón de Embarcaciones de Recreo (PER) (puedes encontrar nuestro libro en formato eBook Kindle y tapa blanda en Amazon.es) la mejor forma de prepararte para el examen teórico es poner en práctica esos conocimientos mediante la resolución de preguntas de test de examen similares a las que te vas a encontrar cuando realices la prueba. Hemos seleccionado 500 preguntas y aunque las bases de datos para exámenes son más amplias, la realización de estos test es una forma muy válida de comprobar tus conocimientos y ver en qué temas deberías profundizar más.

Cuando realices el examen de PER puedes aprobar el módulo de Patrón para la Navegación Básica (PNB) y sin embargo suspender el examen de PER, o bien las personas que se examinen solamente de PNB tendrán que realizar los test de las Unidades Teóricas 1 al 6 exclusivamente, de este Libro. Por lo tanto, este Libro de Test sirve tanto para los candidatos a ser Patrones de Recreo, como para los que quieren ser Patrones para la Navegación Básica.
Al final del Libro hemos incluido dos Test completos de examen, y reiteramos que los candidatos a ser PNB deberán realizar exclusivamente las preguntas de las Unidades 1 a 6, desde Nomenclatura Náutica hasta Reglamento Internacional para prevenir los accidentes en la mar.

Prepárate bien para el examen y cuando seas Patrón disfruta de inolvidables travesías y mares únicos. Y no te olvides de cuidar el entorno pues no es incompatible con tu afición.

ATRIBUCIONES DEL TÍTULO DE PER DE ESPAÑA, CONTENIDO DEL EXAMEN, TEMARIO DE CONOCIMIENTOS TEÓRICOS

TITULO DE PATRÓN DE EMBARCACIONES DE RECREO

DESDE EL 11 DE ENERO DE 2015

Atribuciones básicas con esta titulación: Gobierno de embarcaciones recreo a motor de hasta 15 m de eslora y motos náuticas.

También gobierno de embarcaciones de vela de hasta 15 m de eslora, previa realización de prácticas reglamentarias de navegación a vela.

Distancia límite: navegación en la zona comprendida entre la costa y una línea paralela a la misma trazada a 12 millas. Navegación entre islas del archipiélago balear y canario

Exámenes por la Administración. Edad mínima 18 años

Duración mínima prácticas básicas de seguridad y navegación: 16 horas. Realización en mar. Obligatorias para obtener el título.

Prácticas reglamentarias de navegación a vela de 16 h. Una vez realizadas estas en PNB o en PER ya no es necesario repetirlas. Realización de las prácticas de vela en mar o pantano.

Curso de radio operador de corto alcance de 12 horas (4 horas de teoría y 8 de prácticas). Una vez realizado el curso ya no será necesario repetirlo para PY y CY. Obligatorio para obtener el título.

Si se realizan prácticas adicionales reglamentarias de navegación de 24 h en mar (de las cuales al menos 4 h nocturnas): gobierno de embarcaciones de motor de hasta 24 m (vela previa realización de las prácticas reglamentarias de vela) y navegación entre Península y Baleares.

ESTRUCTURA DEL EXAMEN

El examen se compondrá de 45 preguntas tipo test de formulación independiente entre sí, con 4 posibles respuestas cada una. Siendo su duración máxima de 1 hora y 30 minutos.

Para aprobar se deberá responder correctamente un mínimo de 32 preguntas no permitiéndose superar 2 errores en Balizamiento ni 5 errores en Reglamento, ni 2 errores en Carta de Navegación.

Las personas que posean el título de PNB, sólo tendrán que realizar los apartados: maniobras, emergencias en el mar, meteorología, teoría de la navegación y carta de navegación, disponiendo de un tiempo máximo de 45 minutos.

Las personas que se presenten al examen para obtener el PER y no consigan superar la prueba, pero sí lo hagan de acuerdo con las exigencias del PNB, se le reconocerá dicho aprobado, conservando dicho aprobado durante un periodo máximo de dos convocatorias consecutivas en las que la administración realice los exámenes de PER.

Temario y número de preguntas del examen de PER:

- Nomenclatura náutica 4
- Amarre y fondeo 2
- Seguridad 4
- Legislación 2
- Balizamiento 5
- Reglamento RIPA 10
- Maniobra 2
- Emergencia en el mar 3
- Meteorología 4
- Teoría navegación 5
- Carta Navegación 4

Total 45 preguntas.

ATRIBUCIONES DEL TÍTULO DEL PNB ESPAÑOL, CONTENIDO DEL EXAMEN, TEMARIO DE CONOCIMIENTOS TEÓRICOS

PATRÓN DE NAVEGACIÓN BÁSICA:

DESDE EL 11 DE ENERO DE 2015

Atribuciones básicas con esta titulación: Gobierno de embarcaciones a motor de hasta 8 m eslora y motos náuticas. También gobierno de embarcaciones de vela de hasta 8 m de eslora, previa realización prácticas reglamentarias de navegación a vela de 16 h.

Potencia adecuada a la embarcación.

Distancia límite: hasta 5 millas de un puerto, marina o lugar de abrigo. Navegación diurna y nocturna.

Exámenes por la Administración. Edad mínima: 18 años, o 16 con permiso paterno

Duración mínima de las prácticas básicas de seguridad y navegación: 8 horas. Realización: mar o pantano.

Curso de formación en radiocomunicaciones tendrá una duración mínima de 4 horas, de las cuales al menos dos serán prácticas

Prácticas impartidas por Escuelas.

CONTENIDO DEL EXAMEN

El examen se compondrá de 27 preguntas tipo test de formulación independiente entre sí, con 4 posibles respuestas cada una. Siendo su duración máxima de 45 minutos.

Para aprobar se deberá responder correctamente un mínimo de 17 preguntas no permitiéndose superar 2 errores en Balizamiento ni 5 errores en Reglamento.

Temario y número de preguntas del examen de PNB:
- Nomenclatura náutica 4
- Amarre y fondeo 2
- Seguridad 4
- Legislación 2
- Balizamiento 5
- Reglamento RIPA 10

Total 27 preguntas.

Índice

Gracias por adquirir este eBook

Visita **Escuela-Altamar.com** y descubre nuestros cursos y prácticas de navegación donde te enseñamos a navegar y a conocer el mar.

Al final del libro encontrarás un Regalo
que te encantará.

4 Ejercicios Básicos de Cartas de Navegación

PREGUNTAS DE TEST DE LA UNIDAD TEÓRICA 1 NOMENCLATURA NÁUTICA. NÚMERO DE PREGUNTAS DE EXAMEN 4. SOLUCIONES A CONTINUACIÓN.

1.- Decir que frase es cierta:
   A) Si el calado aumenta, el francobordo disminuye.
   B) Se conoce como calado a la altura del barco.
   C) Si la reserva de flotabilidad o el francobordo es pequeño, el barco puede embarcar agua.
   D) A y c son correctas.

2.- Babor es:
   A) La parte trasera del barco
   B) La parte delantera del barco
   C) La parte derecha del barco mirando desde la popa
   D) La parte izquierda del barco mirando desde la popa

3.- El asiento es:
   A) La diferencia de calados de popa y de proa
   B) El calado en el centro del barco
   C) La suma de los calados de proa y de popa
   D) La semisuma de los calados de proa y de popa

4.- El plano de crujía:
   A) No existe como tal
   B) Está a proa
   C) Está a popa
   D) Divide al barco en dos mitades iguales

5.- De proa a popa ordene adecuadamente través, aleta y amura:
   A) Través, aleta y amura
   B) Aleta, través y amura
   C) Través, aleta y amura
   D) Amura, través y aleta

6.- Ver un barco por el través de estribor es verlo por:
   A) Por la izquierda y perpendicular a la dirección de la marcha
   B) Por la izquierda y por delante
   C) Por la derecha y perpendicular a la dirección de la marcha
   D) Por la derecha y por la popa

7.- La obra viva es:
        A) La parte del barco por debajo de la línea de flotación
        B) La parte del barco que respira
        C) La parte seca del barco
        D) El barco en construcción

8.- Las sentinas:
        A) Equivalen a las cabinas
        B) Recogen las aguas filtradas por el casco
        C) No existen como tales
        D) Son equivalentes a una sonda

9.- Los imbornales:
        A) Dan luz y ventilación al interior del barco
        B) Sirven para invernar
        C) Sirven para dar salida al agua que entra en la bañera
        D) Forman parte del molinete

10.- Las escotillas:
        A) Almacenan aguas residuales
        B) Sirven para dar salida al agua del fondo
        C) Se sitúan en cubierta y sirven para acceder al interior del barco
        D) Sirven para arriar el ancla

11.- Un manguerote se utiliza:
        A) Como elemento de ventilación
        B) Para repostar combustible
        C) Es un eje
        D) Como parte de la hélice

12.- Vista una embarcación desde la popa y estando en marcha avante, si la hélice gira a la derecha se dice que es:
        A) De paso constante
        B) De paso variable
        C) Levógira
        D) Dextrógira

13.- El barbotén es un elemento perteneciente al
        A) Timón
        B) Molinete
        C) Hélice
        D) Pasamanos

14.- Referente a la maniobra de fondeo decir que frase no es correcta
        A) Filar es arriar poco a poco un cabo o cadena que está trabajando.
        B) A la pendura, se dice así del ancla que cuelga lista para fondear.

C) Levar es levantar, cobrar y recuperar el ancla. Es deshacer la situación de fondeo.

D) Escorar es dejar caer al mar el ancla.

15.- Cuando un barco pierde la escora y recupera la posición vertical se dice que el barco

    A) Arriba

    B) Orza

    C) Se adriza

    D) Cavita

16.- Barlovento es

    A) La zona por donde viene el viento

    B) La zona por donde sale el viento

    C) Es la banda de estribor

    D) Es la banda de babor

17.- Los grifos de fondo:

    A) Son válvulas fijas colocadas por debajo de la línea de flotación con objeto de dar o cortar el paso de agua de mar utilizada para circuito de refrigeración, aseos.

    B) Deben cerrarse si el barco va estar mucho tiempo parado.

    C) Deben revisarse periódicamente para comprobar su estado y evitar vías de agua

    D) Todo lo anterior es correcto

18.- Un barco tiene un calado a proa de 0,92 m y un calado a popa de 0,89 m, el barco está.

    A) Apopado, con asiento positivo de 0,03 m

    B) Aproado, con asiento negativo de 0,03 m

    C) Escorado, 0,03 grados

    D) Adrizado

19.- La manga es

    A) La altura del barco

    B) La sonda

    C) La anchura del casco

    D) El asiento del barco

20.- Cuando una embarcación abate por efecto del viento, lo hace:

    A) A barlovento

    B) A sotavento

    C) A contracorriente

    D) Ninguna respuesta es correcta

21.- ¿Cómo se llama la línea de intersección del agua con el casco?

    A) Línea de flotación

B) Calado

C) Carena

D) Crujía

22.- El orificio por donde atraviesa el casco la parte superior del eje de la pala del timón se denomina:

A) Bocina

B) Limera

C) Manguerote de ventilación

D) Barbotén

23.- Son piezas de la hélice:

A) La cabeza, la bocina y las palas.

B) El núcleo, las palas y la amura.

C) El núcleo, las palas y el capacete.

D) El núcleo, las palas y el eje del cigüeñal.

24.- ¿Cuál de las siguientes afirmaciones es la correcta?

A) El asiento resulta de dividir entre dos la suma de los calados a proa y a popa.

B) Si el asiento es positivo es aproante.

C) El asiento es positivo cuando la embarcación cala más a proa que a popa.

D) El asiento es positivo cuando la embarcación cala más a popa que a proa.

25.- Los baos son:

A) Piezas verticales que sujetan la cubierta.

B) Piezas transversales que van de banda a banda, se apoyan en los extremos superiores de las cuadernas y sostienen la cubierta.

C) Piezas verticales que no confieren rigidez al casco.

D) Piezas verticales que confieren rigidez al casco en sentido longitudinal.

26.- El guardamancebos es:

A) Un cable de remolque

B) Un tensor.

C) Un cable sustentado por candeleros que va de proa a popa por ambos costados.

D) Un cable sin una función definida.

27.- La aleta es:

A) La parte media de cada uno de los costados.

B) La parte de los costados entre el través y la proa.

C) La parte de los costados entre el través y la popa.

D) La superficie de la orza.

28.- Cuando un ancla está a la pendura:

A) Está sobre el fondo pero sin agarrar.

B) Está sobre el fondo y agarrada.

C) Está bajo la superficie del agua.

D) Cuelga del molinete lista para fondear.

29.- El puntal es:

A) La distancia vertical desde la línea de flotación hasta la cubierta principal o corrida más alta

B) Es la máxima dimensión vertical medida en la mitad de la eslora desde la cara inferior del casco en su intersección con la quilla, hasta la cara superior de la línea de cubierta.

C) La distancia vertical desde la parte inferior de la quilla hasta la línea de flotación.

D) La distancia vertical desde el trancanil hasta la línea de flotación.

30.- La forma del ancla de arado es:

A) Dispone de dos brazos terminados en uñas.

B) Dispone de una sola uña doble de gran tamaño.

C) Está provista de cuatro brazos sin uñas.

D) Está provista de cuatro brazos con uñas.

31.- Decir que afirmación NO es cierta:

A) El rezón es un ancla de cuatro brazos.

B) La parte del casco por debajo de la línea de flotación se llama obra viva.

C) Adrizar es recuperar el barco la situación de equilibrio tras una escora.

D) Son partes del ancla: arganeo, caña y limera.

32.- Los candeleros.

A) Sostienen los pasamanos.

B) Permiten la entrada de aire al interior de la embarcación para ventilarla.

C) Dan luz y permiten ventilación.

D) Iluminan bajo la cubierta.

33.- ¿Cuantas amuras tiene una embarcación?

A) 1

B) 0

C) 2

D) 4

34.- El molinete:

A) Ayuda a hacer la maniobra de fondear el ancla.

B) Ayuda a hacer la maniobra de fondear el ancla y orinca los cabos.

C) Es un orificio que enlaza la cubierta con el costado en la amura.

D) Achica el agua que ha entrado a través de las escotillas y lumbreras.

35.- Las lumbreras son:
A) Una escotilla, en ningún caso con cubierta de cristales, que proporcionan luz y ventilación a los espacios interiores.
B) Una escotilla con cubierta de cristales que evitan la entrada de luz y ventilación a los espacios interiores.
C) Una escotilla con cubierta de cristales cuyo objeto es proporcionar luz y ventilación a los espacios interiores.
D) Una escotilla en ningún caso con cubierta de cristales que proporcionan luz y ventilación a los espacios interiores.

36.- La bañera es:
A) Es una plataforma de baño.
B) Es un espacio, generalmente a popa, donde puede ir la tripulación y desde la que se gobierna el barco.
C) Es el lugar donde se deposita el agua filtrada.
D) Son piezas que se colocan a los costados para la entrada de agua al interior del barco

37.- ¿Cuándo se dice que un ancla zarpa?
A) Cuando se fondea.
B) Cuando se lanza al agua.
C) Cuando gira sin fijarse.
D) Cuando despega del fondo.

38.-Para deshacer la situación de fondeo:
A) Se lanza el ancla.
B) Se arrastra el ancla.
C) Se leva el ancla.
D) Se cierra el grifo de fondo

39.-Se puede arriar o filar:
A) Una cadena o ancla.
B) Un escobén.
C) La amuravela.
D) La bengala de mano.

40.- El eje de la hélice penetra en el casco por el codaste a través de un orificio denominado:
A) Limera.
B) Bocina del eje de la hélice.
C) Escobén.
D) Penetra cascos.

41.- Si el barco escora por efecto del viento la tripulación deberá situarse para corregir la escora en la banda de:
A) Proa
B) Popa.

C) Sotavento.
D) Barlovento.

42.- Las bombas de achique de las sentinas pueden ser.
A) Fijas o portátiles
B) Manuales o automáticas.
C) Rosca fija o múltiple.
D) A y b son correctas

43.- La parte superior de la borda se denomina
A) Codaste
B) Trapacete
C) Capacete
D) Regala

44.- El desplazamiento máximo en las embarcaciones de recreo equivale a:
A) Al peso máximo de la embarcación en condiciones de seguridad.
B) Al volumen de la obra viva
C) Al volumen de la obra muerta y todos los pertrechos del barco.
D) Al volumen de los espacios máximos interiores

SOLUCIONES A LAS PREGUNTAS DE TEST DE NOMENCLATURA NÁUTICA

1D	25B
2D	26C
3A	27C
4D	28D
5D	29B
6C	30B
7A	31D
8B	32A
9C	33C
10C	34A
11A	35C
12D	36B
13B	37D
14D	38C
15C	39A
16A	40B
17D	41D
18B	42D
19C	43D
20B	44A
21A	
22B	
23C	
24D	

PREGUNTAS DE TEST DE LA UNIDAD TEÓRICA 2 ELEMENTOS DE AMARRE Y FONDEO. NÚMERO DE PREGUNTAS DE EXAMEN 2

1.- ¿Cómo denominamos a las piezas metálicas que en los barcos sirven para afirmar cabos?
   A) Cornamusas
   B) Pasamanos
   C) Guías
   D) Gateras

2.- Para dar o tomar remolque, ¿en qué pieza amarraremos el cabo de remolque?
   A) En un pasamamos
   B) En el barbotén
   C) En una bita
   D) En el timón

3.- Si tuviéramos que hacer una gaza, ¿Qué nudo haríamos?
   A) Llano
   B) As de guía
   C) Seno
   D) Ballestrinque

4.- El extremo de un cabo se denomina
   A) Firme
   B) Driza
   C) Punta
   D) Chicote

5.- El asta larga acabada en punta que sirve para ayudar a atracar o desatracar, recoger algún objeto del agua, etc, se denomina:
   A) Gancho
   B) Bichero
   C) Puntero
   D) Lanza

6.- Los elementos que evitan el roce con otros barcos o con el muelle al atracar se denominan:
   A) Cubre bandas
   B) Rozador
   C) Defensas
   D) Rezones

7.- Para empalmar dos cabos de la misma mena se utiliza el nudo:
    A) As de guía
    B) Llano
    C) Cote
    D) Ninguno de los anteriores

8.- Para amarar un cabo a un noray utilizaremos el nudo:
    A) As de guía
    B) Llano
    C) Ballestrinque
    D) Margarita

9.- Para afirmar una defensa a una barandilla o a un pasamanos utilizaremos el nudo:
    A) As de guía
    B) Llano
    C) Ballestrinque
    D) Margarita

10.- ¿Qué utilidad, entre otras, puede tener el nudo "vuelta de rezón"?
    A) Para encapillar un cabo en un noray.
    B) Para unir un cabo con una argolla.
    C) Para acortar un cabo sin tener que desamarrar los extremos.
    D) Para evitar que un cabo se deshilache por sus extremos.

11.- ¿Cómo se denomina a la acción de girar un barco fondeado en torno al ancla, por efecto del viento o de la corriente?
    A) Bornear
    B) Rolar
    C) Garrear
    D) Orincar

12.- Se llama buen tenedero a:
    A) Un lugar para descansar
    B) Un fondeadero donde el ancla agarra bien
    C) Un buen sitio para varar
    D) No existe esta definición en náutica

13.- La longitud de cadena a filar con buen tiempo es de
    A) Cuatro veces la profundidad del lugar
    B) Diez veces la profundidad del lugar
    C) Una vez la profundidad del lugar
    D) Veinte veces la profundidad del lugar

14.- Al fondear en las proximidades de otros barcos, hemos de tener en cuenta el:

    A) Radio de garreo

    B) Radio de borneo

    C) Radio de tenedero

    D) La manga del otro barco

15.- El mejor tenedero es el de:

    A) Roca

    B) En pendiente

    C) Algas

    D) Arena

16.- Para un mejor agarre del ancla al fondo, al llegar al lugar de fondeo

    A) Se arría el ancla y se da avante

    B) Se arría el ancla y se da atrás

    C) Se vira a babor mientras se arría

    D) Se vira a estribor mientras se arría

17.- Si el ancla y la cadena se arrastran por el fondo sin agarrar se dice que el ancla:

    A) Bornea

    B) Vira

    C) Garrea

    D) Apea

18.- Si el ancla garrea lo primero que haremos es:

    A) Se filará más cadena

    B) Se avisará al resto de barcos

    C) Se harán sonar pitadas

    D) Escorar el barco

19.- Para deshacer la situación de fondeo:

    A) Se tomarán enfilaciones

    B) Esperaremos a la bajamar

    C) Utilizamos un bichero

    D) Levaremos el ancla

20.- Un barco fondeado si hay viento

    A) Se apopa al viento

    B) Se aproa al viento

    C) Se pone de través

    D) Se pone a babor

21.- Si al levar el ancla la cadena llama hacia proa y se tensa mucho, ¿que sería lo adecuado?

     A) Dar con el motor unas paladas avante

     B) Dar con el motor unas paladas hacia atrás

     C) Caer a estribor

     D) Caer a babor

22.- Es recomendable señalizar la posición del ancla en un fondeo, para ello se hace firme un cabo delgado desde la cruz del ancla a un boyarín. ¿Cómo le llamamos?

     A) Borneo

     B) Boya

     C) Orinque

     D) Tenedero

23.- ¿Qué es una gaza?

     A) Un anillo o lazo hecho en el extremo de un cabo.

     B) Una venda para un tripulante.

     C) Pieza sobre la que gira el cabo.

     D) Extremo de la vela.

24.- ¿Cómo se denomina la pieza donde amarran las embarcaciones en puerto?

     A) Noray.

     B) Norey.

     C) Nordey.

     D) Noroi.

25.- El radio del círculo de borneo será igual, aproximadamente, a:

     A) A la característica del fondo.

     B) A la hora del día.

     C) A la longitud de la cadena y la eslora de la embarcación.

     D) A la eslora de la embarcación.

26.- Para sujetar una defensa a un pasamanos utilizamos el nudo:

     A) Ballestrinque.

     B) As de guía.

     C) Un nudo margarita.

     D) Cualquier nudo fuerte.

SOLUCIONES A LAS PREGUNTAS DE TEST DE ELEMENTOS DE AMARRE Y FONDEO.

1A	14B
2C	15D
3B	16B
4D	17C
5B	18A
6C	19D
7B	20B
8A	21A
9C	22C
10B	23A
11A	24A
12B	25C
13A	26A

PREGUNTAS DE TEST DE LA UNIDAD TEÓRICA 3 SEGURIDAD EN LA MAR. NÚMERO DE PREGUNTAS DE EXAMEN 4

1.- ¿Cuántos chalecos salvavidas deberá llevar una embarcación?

A) Dos por tripulante, uno estibado a cada banda de la embarcación.

B) Un mínimo de 5 chalecos.

C) Todas las respuestas son correctas.

D) Uno para cada persona autorizada a navegar a bordo.

2.- El arnés de seguridad no está reglamentado para su uso en todas las embarcaciones de recreo, pero su importancia en ciertas situaciones es vital, se aconseja su utilización en casos...

A) Todas las respuestas que siguen son correctas.

B) En navegación nocturna y con oleaje

C) En caso de niebla, lluvia, nieve, en cualquier situación de baja visibilidad.

D) En caso de navegar en medio de un temporal.

3.- ¿Qué es un reflector radar?

A) Una antena en los barcos.

B) Es un dispositivo instalado en los barcos, que mejora el eco de la señal de radar emitida por otros barcos.

C) Es un radar.

D) Una antena electrónica que emite señales para que la detecten otros radares.

4.- El cabo de remolque se tensará...:

A) Lentamente.

B) Con el virador.

C) Lo más pronto posible.

D) Por la proa.

5.- Definimos la estabilidad transversal de un barco como:

A) La propiedad que tiene para recuperar su asiento cuando este ha variado por causas ajenas al buque.

B) La propiedad que tiene de escorar sin peligro para la integridad de su tripulación.

C) La propiedad que tiene de avanzar a la velocidad máxima sin peligro.

D) La propiedad que tiene para recuperarse de una escora cuando esta se ha producido por causas ajenas al buque.

6.- Si navegamos atravesados a la mar los mayores peligros o incomodidades para los tripulantes son:

A) Que el barco entre en sincronismo con las olas

B) Que se produzcan roturas de objetos no trincados

C) Que se produzca mal de mar o mareo en los tripulantes, por los balances del barco

D) Todo lo anterior es correcto.

7.-Para asegurar la estanqueidad del barco debemos:

A) Todas las respuestas que siguen son correctas.

B) Mantener el casco en buenas condiciones.

C) Asegurarnos que las tapas ciegas de los portillos se cierran sin dejar holguras.

D) Que la limera, bocinas, grifos de fondo y demás aberturas del casco se conservan en buen estado.

8.- Respecto a la bocina de niebla.

A) Son siempre manuales.

B) Puede ser a presión manual o sustituible por bocina accionada por gas en recipiente a presión.

C) Todas las embarcaciones están obligadas a llevarla.

D) Todas las anteriores son correctas.

9.- El sincronismo transversal se puede romper…

A) Cambiando el rumbo para tomar la mar por la popa

B) Aumentando o disminuyendo la velocidad.

C) Aumentando la velocidad.

D) Cambiando el rumbo para recibir la mar por una amura.

10.- Antes de salir a navegar, lo más importante es…:

A) Comprobar que todos llevan puesto el chaleco salvavidas.

B) Tener en cuenta la previsión meteorológica y si hay mal tiempo no salir.

C) Cerciorarse de que el casco está completamente limpio

D) Todo lo anterior es válido.

11.- ¿Qué influencia a bordo pueden tener las tormentas eléctricas?

A) Pueden influir sobre la aguja magnética, alterando los desvíos.

B) No influye nada sobre la aguja magnética y por lo tanto sobre sus desvíos.

C) Influye sobre la conservación de los víveres.

D) Afecta a las pinturas deteriorándolas.

12.- Las señales fumígenas flotantes

A) El humo es de color naranja

B) Se utilizan en el caso de peligro o necesitar ayuda

C) Debe verificarse que no han caducado.

D) Todo lo anterior es correcto

13.- En navegación con niebla:

A) Aumentaremos la velocidad.

B) Moderaremos la velocidad para adecuarla a la de seguridad.

C) Apagaremos las luces de navegación.

D) Fondeamos las dos anclas por la popa.

14.- Si navegando se cae alguien al agua...

A) Se debe meter el timón a la banda de la caída.

B) Se desembragará la hélice.

C) Se lanzará al náufrago un flotador o similar.

D) Todo lo anterior es válido.

15.- Una embarcación de recreo con una potencia instalada de 150 a 300 kw en un motor, ¿qué extintor portátil deberá llevar?

A) Uno del tipo 21B.

B) Uno del tipo 34 B.

C) Dos del tipo 21 B.

D) Dos del tipo 34 B.

16.- La forma de contactar con Salvamento Marítimo es

A) A través del canal 16 de VHF

B) A través del 112

C) A través del 900-202 202

D) Todo lo anterior es correcto

17.- ¿Qué tipo de ayuda deberá lanzarse al náufrago desde la embarcación?

A) Un chaleco salvavidas.

B) El objeto flotante que tenga más a mano.

C) Una señal fumígena.

D) El trinquete.

18.- El sincronismo longitudinal se contrarresta...:

A) Navegando atravesado a la mar.

B) Variando el rumbo de la embarcación.

C) No puede contrarrestarse.

D) Variando la velocidad de la embarcación.

19.- ¿Para qué sirve el heliógrafo?

A) Para llamar la atención cuando hay sol y pedir auxilio.

B) Para trazar un rumbo a seguir.

C) Para obturar las rasgaduras que se puedan producir en los tubulares de la balsa hinchable salvavidas.

D) Para tomar una demora.

20.- ¿Qué canal o frecuencia deberá usarse preferentemente para la emisión de un mensaje de emergencia?

A) Canal 16.

B) Canal 12.

C) Canal 14.

D) Canal 9

21.- ¿Qué deberíamos hacer antes de hacernos a la mar?
A) Conocer la previsión meteorológica
B) Comprobar si tenemos suficiente combustible para la travesía
C) Comprobar el estado del motor, del casco y toda la lista de comprobaciones.
D) Todo lo anterior es correcto

22.- Para evitar caer al agua con oleaje es recomendable:
A) Llevar ropa adecuada
B) Llevar calzado antideslizante
C) Llevar arnés de seguridad
D) Las respuestas b y c son correctas

23.- ¿Qué tecla del GPS permite almacenar la posición del náufrago de forma instantánea?
A) Anchorage
B) Náufrago
C) Distress
D) M.O.B

24.- En caso de niebla se deben realizar
A) Cambios de rumbo constantes
B) Alteraciones de la velocidad
C) Paradas frecuentes
D) Las pitadas reglamentarias

25.- En alta mar con visibilidad reducida y con poco tráfico marítimo ¿qué precauciones deberíamos tomar?
A) Ninguna especial
B) Navegar a velocidad de seguridad, encender las luces reglamentarias y hacer las señales fónicas
C) Aumentar la velocidad para salir lo antes posible de la zona de niebla.
D) Parar la embarcación para no perder nuestro rumbo

26.- Correr un temporal es:
A) Recibir el temporal por la popa o por una aleta
B) Recibir el temporal por el través.
C) Recibir el temporal por la proa.
D) Pararnos para que nos corran las olas.

27.- En aguas someras o poco profundas
A) Iremos a mucha velocidad
B) Navegaremos haciendo sonar señales fónicas
C) Iremos a poca velocidad
D) Pondremos el radar

28.- La maniobra de búsqueda de un náufrago en la que se explora radialmente a partir del datum, dando giros de 120° a estribor en recorridos de una milla o menos, se denomina...

    A) Maniobra de Boutakow

    B) Exploración en espiral cuadrada

    C) Maniobra de Anderson

    D) Exploración por sectores

29.- Cuándo se navega con mal tiempo es aconsejable:

    A) Cerrar todos los grifos de fondo.

    B) Cerrar los grifos de fondo de la banda de sotavento.

    C) Cerrar todos los grifos de fondo menos el de refrigeración del motor.

    D) Cerrar los grifos de fondo de la banda de barlovento

30.- Dos maniobras de búsqueda cuando no se ve al náufrago son:

    A) Exploración en espiral cuadrada y exploración por sectores.

    B) Exploración en espiral cuadrada y exploración por círculos concéntricos.

    C) Exploración por círculos concéntricos y exploración lineal.

    D) Exploración por sectores y exploración elíptica.

31.- ¿Cómo se reflejará la pérdida de estabilidad longitudinal?

    A) En la modificación alternativa de los valores del asiento

    B) En la modificación del arrufo.

    C) En la modificación del balance.

    D) Con la escora.

32.- Cuando un tripulante caiga por la borda, el primero en advertirlo deberá:

    A) Dar la voz de alarma e indicar la banda por la que se haya precipitado, al objeto de que el timonel meta todo el timón a la misma banda para evitar golpearlo con cualquier apéndice del caso o con la hélice.

    B) Dar la voz de alarma e indicar la banda por la que se haya precipitado, al objeto de que el timonel meta todo el timón a la banda contraria para evitar golpearlo con cualquier apéndice del caso o con la hélice.

    C) Quedarse en esa banda para no perderlo de vista.

    D) Ir corriendo a parar el motor.

33.- Antes de realizar un remolque hay que:

    A) Evaluar la capacidad de abatimiento y deriva del remolcador y remolcado, con el fin de evitar una colisión.

    B) Pasar un cabo guía de remolque desde el remolcador al remolcado o viceversa.

    C) El que da el remolque deberá colocarse siempre a proa.

    D) El que da el remolque deberá colocarse siempre a través.

34.- Las bengalas de mano deberán:

    A) Estar en cubierta, fuera de su embalaje y listas para su uso en caso de emergencia.

    B) Guardarse siempre en un estuche completamente estanco y llevar impresas las instrucciones de uso en el contenedor.

    C) Guardarse en lugar fresco y llevar impresas sus instrucciones de uso en el contenedor.

    D) Guardarse en un estuche completamente estanco y poco accesible para evitar su deterioro

35.- En la maniobra de aproximación de Boutakov:

    A) El barco pasará de nuevo en el lugar en donde cayó el náufrago.

    B) Se explora radialmente a partir del punto de origen.

    C) Se localiza al náufrago utilizando solo los remos para movernos.

    D) Se utilizan medios electrónicos y satelitarios.

36.- El número de extintores obligatorios a bordo dependerá de:

    A) La eslora del barco y la potencia propulsora.

    B) La potencia propulsora y el francobordo.

    C) La eslora y manga del barco.

    D)La eslora y material del casco.

37.- ¿Qué precaución tomaremos a la hora de utilizar las bengalas?

    A) Encenderlas siempre por babor.

    B) Encenderlas por la proa.

    C) Encenderlas por barlovento.

    D) Encenderlas por sotavento.

38.- Al náufrago, con temporal, se le deberá recoger por:

    A) Por barlovento para darle resguardo con el casco.

    B) Por la proa o por la popa

    C) No importa por donde

    D) Por sotavento para darle resguardo con el casco.

SOLUCIONES A LAS PREGUNTAS DE TEST DE SEGURIDAD EN LA MAR.

1D	20A
2A	21D
3B	22D
4A	23D
5D	24D
6D	25B
7A	26A
8B	27C
9D	28D
10B	29C
11A	30A
12D	31A
13B	32A
14D	33A
15B	34B
16D	35A
17B	36A
18D	37D
19A	38D

PREGUNTAS DE TEST DE LA UNIDAD TEÓRICA 4 LEGISLACIÓN. NÚMERO DE PREGUNTAS DE EXAMEN 2

1.- La velocidad máxima de navegación en el interior de los puertos deberá ser de:
A) 3 nudos.
B) 9 nudos.
C) 10 nudos
D) 12 nudos

2. -En la entrada de un puerto, siendo las dos embarcaciones de eslora similar ¿quién debe ceder el paso, la embarcación que entra o la que sale?
A) Que sale
B) Más pequeña.
C) Primera que hace una señal fónica.
D) Que entra.

3.-En las proximidades de una playa no balizada, una embarcación de recreo a motor no podrá navegar a más de tres nudos, a una distancia de la costa, de menos de:
A) 20 m.
B) 200 m.
C) 500 m.
D) 1 milla.

4.- Las aguas sucias procedentes de los aseos se pueden verter al mar en cualquier condición a más de:
A) 12 millas y velocidad superior a 4 nudos.
B) 9 millas y velocidad superior a 5 nudos
C) 3 millas y velocidad superior a 7 nudos
D) No hay problema, a cualquier distancia

5.-Los residuos y basuras de a bordo podrás tirarlos:
A) En cuanto se encuentre la embarcación alejada del puerto.
B) En ninguna parte, deberás incinerarlos.
C) En contenedores apropiados en el puerto de llegada.
D) A 3 millas de la costa

6.- Si navegando observamos una gran mancha de petróleo en el agua, ¿cómo actuaremos?
A) Avisaremos a Salvamento Marítimo.
B) Avisaremos al Alcalde de la localidad.

C) Intentaremos limpiar la mancha.

D) Seguiremos navegando igual.

7.-Los aceites sucios de los motores se pueden verter al mar:

A) Navegando a más de 4 millas de la costa.

B) No se pueden verter al mar.

C) Fuera de puerto.

D) Navegando a más de 12 millas del puerto.

8.- ¿Cuál de los siguientes procedimientos no está prohibido por las Normas que afectan a las embarcaciones de recreo en el interior del Puerto?

A) Pescar.

B) Achicar sentinas.

C) Repostar dentro de puerto.

D) Fondear en los canales de acceso

9.- ¿Quién se encargará de iniciar y coordinar todas las misiones de búsqueda y salvamento marítimo para buques que soliciten asistencia en zonas marítimas asignadas a España?

A) Salvamento Marítimo.

B) La Autoridad Portuaria.

C) El Servicio de Remolcadores.

D) La Dirección General de la Marina Mercante.

10.-Se deberá navegar...:

A) Lo más cerca de la playa, por ser la zona más segura.

B) Entre la playa y una línea a 200 m. de la misma.

C) A partir de 200 m. de la playa si la playa está balizada.

D) Como mínimo a una milla de la costa.

11.- ¿Se puede hacer pesca submarina dentro del puerto?

A) Se puede, pero sólo de día.

B) Únicamente con permiso de la Capitanía.

C) Está completamente prohibido.

D) Depende del puerto, si es de 1ª o 2ª categoría.

12.-En el caso de recibir señal de un barco en peligro y estar en las proximidades se deberá...:

A) Acudir rápidamente en su auxilio, siempre y cuando no se ponga en peligro la propia seguridad.

B) Acudir en su auxilio, siempre y cuando no se deba modificar en gran medida la derrota a seguir inicialmente.

C) Simular que no se ha oído la señal y continuar el camino.

D) Dirigirse al puerto más cercano para pedir auxilio.

13.-Mundialmente se conoce como MARPOL el convenio internacional que tiene por objeto:
A) La seguridad de la vida humana en la mar.
B) La señalización marítima.
C) La prevención de la contaminación producida por los buques.
D) La coordinación, búsqueda y salvamento marítimo.

14.-La marca de día de una embarcación que tenga un buzo sumergido para indicar su presencia será:
A) Bandera C
B) Bandera Q
C) Bandera W
D) Bandera A

15.- ¿Se puede fondear en una playa balizada?
A) A más de 50 metros
B) Sí
C) No
D) A más de 90 metros

16.- ¿A qué distancia de la costa en una zona considerada como resto del litoral se debe navegar a una velocidad máxima de 3 nudos?
A) A más de 100 metros
B) A menos de 50 metros
C) A más de 300 metros
D) A más de 30 metros.

17.-Una embarcación de recreo de menos de 20 m de eslora sale de un puerto y en la bocana se encuentra con un barco de 90 o más metros de eslora
A) Cede el paso el buque de 90 metros
B) Cede el paso el más grande
C) Cede el paso la embarcación de menos de 20 metros
D) Según sople el viento

18.- ¿Por qué son importantes las praderas de Posidonia Oceánica?
A) Porque son una fuente de alimento para peces y crustáceos
B) Porque son una fuente de oxigenación
C) Porque son un importante productor de biomasa
D) Todas las anteriores son correctas

19.- ¿Cuál es el país de Europa con más ZEPIM?
A) España
B) Francia
C) Italia
D) Holanda

20.- ¿Qué pone en peligro a las praderas de Posidonia Oceánica?
A) La pesca de arrastre cerca de la costa
B) El garreo de las anclas en busca de agarre
C) La contaminación marítima y las infraestructuras en el mar
D) Todas las respuestas anteriores son correctas

21- Las embarcaciones de recreo de hasta 12 pasajeros realizarán anualmente la notificación reducida de entrega de deshechos a estaciones receptoras ante:
A) Ayuntamiento.
B) Puertos del Estado
C) Capitanía Marítima.
D) Prácticos del Puerto.

22.- A más de doce millas, se autoriza la descarga de aguas sucias por embarcaciones de recreo siempre que:
A) La descarga se haga de modo instantáneo.
B) Hayan estado almacenadas en los tanques de retención, independientemente del régimen de descargas.
C) Hayan estado almacenadas en los tanques de retención y la embarcación esté parada.
D) La embarcación esté en ruta a más de 4 nudos.

23.- La descarga de basuras fuera de las zonas especiales se permitirá:
A) Siempre a más de tres millas de la tierra más próxima, independientemente del tratamiento recibido.
B) A más de 15 millas de la tierra más próxima, en el caso de deshechos de alimentos aunque no hayan sido desmenuzados ni triturados.
C) A más de 12 millas de la tierra más próxima, en el caso de residuos de carga que no puedan recuperarse mediante los medios disponibles para su descarga.
D) Nunca podrán echarse al mar cadáveres de animales.

24.- En los tramos de la costa que no estén balizados como zona de baño se entenderá:
A) Que esta ocupa una franja de mar contigua a la costa de una anchura de 300 metros en las playas y 150 metros en el resto de la costa.
B) Que esta ocupa una franja de mar contigua a la costa de una anchura de 200 metros en las playas y 150 metros en el resto de la costa.
C) Que esta ocupa una franja de mar contigua a la costa de una anchura de 200 metros en las playas y 50 metros en el resto de la costa.
D) Que esta ocupa una franja de mar contigua a la costa de una anchura de 200 metros en las playas y 100 metros en el resto de la costa.

25.- ¿Qué distancia de resguardo debe darse a un buzo, cuya embarcación exhiba la bandera A o Alpha?
A) 5 m.
B) 25 m.
C) 50 m.
D) 100 m.

SOLUCIONES A LAS PREGUNTAS DE TEST DE LEGISLACIÓN.

1A	14D
2D	15C
3B	16B
4A	17C
5C	18D
6A	19A
7B	20D
8C	21C
9A	22D
10C	23C
11C	24C
12A	25B
13C	

PREGUNTAS DE TEST DE LA UNIDAD TEÓRICA 5 BALIZAMIENTO NÚMERO DE PREGUNTAS DE EXAMEN 5

1.-Llegando a un puerto de la región A por la noche, observamos una luz de color rojo cuyo ritmo es destellos continuos y una luz a la derecha de la anterior y separada de color verde, cuyo ritmo es grupos de tres destellos. Deberemos pasar...

A) A la izquierda de la luz roja pues se trata de una luz roja de estribor

B) A la derecha de la luz verde pues se trata de una luz verde de babor

C) Por el medio de las dos pues se trata de marcas laterales de babor la roja y estribor la verde.

D) Es indiferente por dónde se pase.

2.-Saliendo desde un puerto hacia la mar, las marcas laterales de estribor hay que dejarlas por....

A) Estribor.

B) Babor.

C) Indistintamente.

D) La quilla.

3.-Subiendo por un río, vemos una baliza roja con una franja verde. Significa que...

A) Tenemos que poner proa a ella por ser una enfilación.

B) El canal principal es el de babor.

C) El canal principal es el de estribor.

D) Solamente hay un canal.

4.-Las marcas de aguas navegables pueden tener luz de color....

A) Blanco, ritmo isofase

B) Verde ritmo dos destellos

C) Amarillo

D) Rojo, ritmo isofase.

5.- ¿Qué marca de tope tiene una baliza cardinal de cuadrante sur?

A) Dos conos negros con los vértices hacia arriba.

B) Una marca bicónica.

C) Dos conos negros con los vértices hacia abajo.

D) Dos esferas en vertical.

6.- ¿Cuántos conos tiene el tope de una marca lateral de babor?

A) Ninguno.

B) Uno con el vértice hacia arriba.

C) Dos superpuestos, opuestos por sus bases.

D) Uno en la Península y ninguno en Canarias.

7.- ¿Qué forma tienen las marcas de tope de las balizas de estribor en el sistema lateral de la región "A"?

A) Cilíndricas

B) Esféricas

C) Cónicas

D) Lo que determine la autoridad competente

8.-Ante una baliza con dos bolas negras en el tope, se debe saber que...:

A) Es una marca cardinal norte y el peligro está al sur

B) Es una marca lateral de babor.

C) Es una marca lateral de estribor.

D) Es una marca de peligro aislado y el peligro está debajo.

9.-Si llegando a puerto observamos una baliza pintada a franjas verticales blancas y rojas, significa...:

A) Baliza de aguas navegables, alrededor de ella las aguas son navegables.

B) Baliza especial que indica cable submarino y peligroso.

C) Baliza de peligro aislado y hay un peligro debajo

D) Baliza del sector Oeste.

10.-Viniendo de la mar nos encontramos con una baliza pintada de color amarillo y negro con una marca de tope dos conos con los vértices hacia arriba. ¿Por dónde la dejaremos?

A) Por el Norte.

B) Por estribor.

C) Por el Sur.

D) Por babor.

11.-Las marcas cardinales indican...

A) El rumbo que se debe seguir al llegar a ella.

B) El rumbo al que se encuentra el puerto más próximo.

C) El cuadrante por donde se debe navegar por estar en él las aguas más profundas.

D) El lugar donde se debe navegar en caso de necesidad.

12.-De noche, una baliza que emite grupos de dos destellos blancos es

A) Una baliza de peligro aislado.

B) Una marca especial de peligro.

C) Una marca de peligro nuevo.

D) Una baliza Racón codificada con la letra Morse "D"

13.-Para indicar el eje principal de un canal de recalada o las marcas de centro de un canal se utiliza.:

A) Una marca de peligro aislado

B) Una marca de aguas navegables.

C) Una marca especial.

D) Una marca cardinal.

14.-Una marca cardinal con forma de castillete, con amarillo arriba y negro abajo, y una marca de tope formada por dos conos apuntando hacia abajo, señala un bajo que queda al...

A) Este de la marca

B) Oeste de la marca

C) Norte de la marca.

D) Sur de la marca.

15.-Avistamos una baliza que indica "cuadrante Este", debemos dejarla por el....

A) Norte.

B) Sur.

C) Oeste.

D) Este

16.-Si observamos una boya que tiene de marca de tope dos conos unidos por sus vértices, el peligro se encuentra al...:

A) Este de la marca.

B) Oeste de la marca.

C) Norte de la marca.

D) Sur de la marca.

17.-¿Cuál es el color y ritmo de la luz de las marcas laterales de bifurcación que indican el canal principal a estribor?

A) El color es rojo y el ritmo consiste en la emisión de grupos de 2 + 1 destellos.

B) El color es rojo y el ritmo consiste en la emisión de grupos de 3 +1 destellos.

C) El color es rojo y verde, y el ritmo consiste es la emisión de grupos de 2 destellos.

D) El color es blanco y el ritmo consiste en la emisión de cualquier destello que no preste a confusión con las marcas laterales de babor y estribor.

18.- ¿Qué ritmo debe tener una luz que indique una marca especial?

A) 3 destellos rápidos cada 15 segundos.

B) 5 destellos cortos cada 20 segundos.

C) 20 destellos rápidos cada 2 segundos.

D) Cualquiera que no se confunda con una marca cardinal, de peligro aislado o de aguas navegables.

19.- ¿Podemos encontrarnos con una marca de aguas navegables en un canal?

A) No, dichas marcas solamente se encuentran en alta mar.

B) Solamente en la Región de Balizamiento A.

C) Sí indicando que las aguas son navegables a su alrededor.

D) Sí, indicando los límites del canal.

20.-Si de noche observamos una baliza que emite una luz blanca isofase:

A) Una marca de peligro aislado.

B) Una marca de aguas navegables.

C) Una marca especial.

D) La marca lateral de estribor.

21.- En la región A, la marca lateral de estribor es:

A) Cilíndrica, de castillete o de espeque.

B) De color rojo.

C) Cónica, de castillete, o espeque.

D) De color amarillo.

22.- El objetivo de las marcas especiales es.

A) Ayudar a la navegación.

B) La separación del tráfico cuando el balizamiento convencional se preste a confusión.

C) Nunca pueden utilizarse para separar el tráfico, para eso ya existe el balizamiento convencional.

D) Indicar una zona o configuración particular que no viene reflejada en las cartas.

23.- La marca de peligro aislado es de color:

A) Negro con franjas amarillas horizontales.

B) Negro con franjas rojas horizontales.

C) Negro con franjas amarillas verticales.

D) Negro con franjas rojas verticales.

24.- El Tope de la marca cardinal Sur:

A) Dos conos negros con sus vértices hacia abajo.

B) Dos conos negros con sus vértices hacia arriba.

C) Dos conos negros con sus bases unidas.

D) Dos conos negros con sus vértices unidos.

25.- La luz y el ritmo de una marca especial es:

A) Luz amarilla, ritmo dos destellos

B) Luz amarilla, ritmo cualquiera que no sea confunda con el resto de balizas

C) Luz roja, ritmo cualquiera que no sea Grupos de (2+1) destellos rojos

D) Luz verde, ritmo cualquiera que no sea el del resto de balizas

26.- En la marca cardinal Sur las bandas son de color:

A) Banda negra debajo de banda amarilla

B) Banda verde debajo de banda roja.

C) Banda negra encima de banda amarilla.

D) Banda verde encima de banda roja.

27.- La marca de tope de una marca de peligro aislado es:
A) Dos conos negros superpuestos.
B) Dos esferas blancas superpuestas.
C) Dos esferas negras superpuestas.
D) Dos conos naranja superpuestos.

28.- Las marcas laterales de la región A utilizan los siguientes colores para indicar los lados de un canal:
A) Amarillo y verde.
B) Rojo y verde.
C) Amarillo y rojo.
D) Naranja y amarillo.

29.- La marca de tope de una marca cardinal es:
A) Blanca.
B) Roja.
C) Azul.
D) Negra.

30.- En el punto de bifurcación de un canal, la marca a emplear para indicar el canal principal es:
A) No puede emplearse una marca lateral modificada.
B) No existe de ninguna marca que lo indique.
C) Puede utilizarse una marca lateral sin modificar.
D) Puede utilizarse una marca lateral modificada.

31.- La marca de tope de una marca de aguas navegables es:
A) Una esfera negra.
B) Una esfera naranja.
C) Una esfera blanca.
D) Una esfera roja.

32.- La marca de tope de una marca cardinal Norte es:
A) Dos conos superpuestos con los vértices hacia arriba.
B) Dos conos superpuestos con los vértices hacia abajo.
C) Dos esferas superpuestas.
D) Un cono con base sobre una esfera.

33.- Cuales de ellas NO son marcas especiales:
A) Marcas indicadoras de zonas de recreo
B) Marcas indicadoras de zonas de ejercicios militares.
C) Marcas de un Sistema de recogida de Datos Oceanográficos
D) Marcas de aguas navegables.

34.- Entre las regiones de Balizamiento A y B la diferencia está:
   A) Todas las balizas son diferentes.
   B) La numeración de las balizas es la inversa.
   C) Las marcas cardinales son diferentes.
   D) Solamente las marcas laterales son diferentes.

35.- Una baliza forma de espeque de color amarillo arriba y abajo y negro en el centro de la marca, se trata de una:
   A) Baliza especial.
   B) Marca cardinal Norte.
   C) Marca cardinal Oeste
   D) Marca cardinal Este.

36.- ¿Que baliza se utiliza para indicar donde están las aguas más profundas respecto de un peligro, el extremo de un bajo fondo o un recodo o el extremo de una piscifactoría?
   A) Marca especial
   B) Marca cardinal
   C) Peligro aislado
   D) Maraca lateral

SOLUCIONES A LAS PREGUNTAS DE TEST DE BALIZAMIENTO.

1C	19C
2B	20B
3C	21C
4A	22B
5C	23B
6A	24A
7C	25B
8D	26A
9A	27C
10C	28B
11C	29D
12A	30D
13B	31D
14C	32A
15C	33D
16A	34D
17A	35C
18D	36B

PREGUNTAS DE TEST DE LA UNIDAD TEÓRICA 6 REGLAMENTO PARA PREVENIR ABORDAJES. NÚMERO DE PREGUNTAS DE EXAMEN 10.

1.- Un buque sin gobierno es...:

A) Todo aquel que no puede apartarse de la derrota de otro por una causa excepcional.

B) Un barco dedicado a operaciones especiales, por lo que no puede maniobrar.

C) Un barco dedicado a la pesca con el arte extendido.

D) Un barco que tiene restringida su capacidad para maniobrar.

2.- ¿Cuáles de los siguientes buques pueden ser considerados "buque con capacidad de maniobra restringida?

A) Velero.

B) Buque oceanográfico.

C) Buque dedicado a la pesca.

D) Ninguno de los anteriores.

3.- Un barco en navegación será aquel que...

A) Tenga arrancada avante.

B) No está fondeado, ni amarrado a tierra, ni varado

C) Está en alta mar y se encuentra fuera de los límites de puerto.

D) Está en alta mar y tenga arrancada avante.

4.- Entre los siguientes factores, ¿cuál no influirá en la determinación de la velocidad de seguridad?

A) El estado del viento.

B) El calado en relación a la profundidad.

C) La maniobrabilidad de la embarcación.

D) La edad de la embarcación.

5.- Se considera que hay riesgo de abordaje cuando....

A) Un barco va demasiado deprisa

B) Los barcos están a la vista.

C) Si la demora de un buque que se aproxima no varía de forma apreciable.

D) Los patrones son inexpertos.

6.- Los cambios de rumbo para evitar un abordaje se realizarán.

A) Cuando la otra embarcación se encuentre a 100 m.

B) Con la debida antelación, y de forma clara.

C) Cuando ya no quede más remedio.

D) Cuando la otra embarcación se acerque peligrosamente.

7.- Al navegar por pasos o canales angostos, se deberá...:

A) Navegar lo más cerca posible del límite exterior que quede por el costado de estribor.

B) Navegar lo más cerca posible del límite exterior que quede por el costado de babor.

C) Navegar por el centro del canal, por la posible existencia de bajos en sus costados.

D) Es indiferente por donde se navegue, siempre y cuando se respeten las señales de balizamiento y no se estorbe el tránsito.

8.- ¿Cómo se deberá cruzar un paso o canal angosto?

A) Lo más rápidamente posible a fin de estorbar el menor tiempo posible.

B) Lo más lentamente posible para evitar posibles riesgos.

C) Sin estorbar el paso de otro buque que sólo pueda navegar con seguridad por el centro del canal.

D) Las respuestas "b" y "c" son igualmente ciertas.

9.- Los buques de vela en un paso o canal angosto, no estorbarán:

A) El tránsito de ningún otro buque que navegue con seguridad dentro del canal

B) A ningún otro buque que pesque de mayor tonelaje

C) A los buques sin gobierno y sin arrancada

D) A los buques que por razón de avería estén fondeados

10.- ¿Cómo se debe cruzar un dispositivo de separación de tráfico?

A) Con mucha velocidad.

B) A la mínima velocidad posible.

C) En ángulo recto, es decir formando una perpendicular con la dirección de la corriente de tráfico.

D) No se debe cruzar.

11.- ¿Qué clase de buques de los siguientes pueden navegar con normalidad en las zonas de navegación costera de un dispositivo de separación de tráfico?

A) Ningún buque.

B) Todos los buques.

C) Únicamente los buques de guerra.

D) Los buques de eslora inferior a 20 metros, los de vela y los de pesca.

12.- En un dispositivo de separación de tráfico, ¿cuál de las siguientes zonas será la más adecuada para la navegación de un buque de vela?

A) La zona de navegación costera adyacente.

B) La vía de embarcaciones de pequeño porte.

C) La zona de separación de tráfico.

D) Los buques de vela tienen prohibida la entrada a los dispositivos

13.- Si un velero recibiendo el viento por babor, avista a otro velero por barlovento, con riesgo de abordaje, y no puede determinar con certeza si el otro recibe el viento por babor o por estribor, hará...

A) Virar en redondo.

B) Seguir a rumbo, vigilante.

C) Se mantendrá apartado de la derrota del otro.

D) Ponerse proa al viento.

14.- Cuando dos veleros "A" y "B" reciben el viento de la siguiente forma: el A por la amura de estribor y el B por el través de babor, ¿cómo actuarán si existe riesgo de colisión?

A) El A meterá timón a estribor y el B a estribor.

B) El A seguirá igual y el B maniobrará.

C) El A meterá timón a babor y el B seguirá igual.

D) El A maniobrará y el B seguirá igual.

15.- ¿Cuál será la banda de barlovento de una embarcación de vela según lo ha establecido el reglamento de abordajes?

A) Aquella por donde se recibe la mar de viento.

B) Aquella por donde se escapa el viento.

C) La misma en la que se lleve cazada la mayor.

D) La contraria a la que se lleve cazada la mayor

16.- ¿Qué maniobra deben realizar dos buques de propulsión mecánica que navegan de vuelta encontrada?

A) Caer ambos a estribor.

B) Parar y dar máquina atrás.

C) Caer ambos a babor.

D) Caer uno a babor y el otro a estribor.

17.- Navegando a motor avistamos a otra embarcación a motor por nuestra amura de babor en una situación de cruce, ¿qué maniobra es la más adecuada?

A) Caer a estribor.

B) Es indiferente la banda a la que caigamos.

C) Ninguna, debemos seguir a rumbo, excepto que él no maniobre

D) Caer a babor.

18.- ¿A cuál de los siguientes debe dejar paso un buque de vela?

A) A un buque dedicado a la pesca.

B) A un buque petrolero.

C) A un buque de propulsión mecánica.

D) Los buques navegando a vela tienen preferencia de paso sobre cualquier embarcación.

19.-Navegando a motor avistamos por la amura de babor una embarcación a vela con intenciones de cruzar nuestra proa con riesgo de abordaje. ¿Quién deberá maniobrar ante tal situación?

A) Nosotros.

B) La otra embarcación.

C) Las dos.

D) Dependerá de las velocidades de ambas.

20.- En caso de oír una sirena de niebla de otro buque a proa del través y no pueda detectarse la situación y rumbo de dicho barco, se deberá:

A) Cambiar de rumbo hasta dejar de oír la señal.

B) Cambiar a estribor.

C) Encender el radar.

D) Disminuir la velocidad hasta la mínima de gobierno.

21.- El sector de iluminación de las luces de costado abarca por su banda un ángulo de:

A) 125 grados.

B) 112,5 grados.

C) 100 grados.

D) 90 grados

22.- ¿Qué arco abarca la luz de tope?

A) 360°.

B) 225°.

C) 180°.

D) 90°.

23.- Un buque de propulsión mecánica en navegación de eslora inferior a 12 metros, podrá llevar:

A) Un tope de proa y un tope de popa, las luces de costado y la luz de alcance.

B) Un tope de proa (no está obligado a llevar tope de popa), las luces de costado y la luz de alcance.

C) Una luz todo horizonte a proa, las luces de costado y la luz de alcance.

D) Una luz todo horizonte y las luces de costado.

24.- ¿En qué momento deberá un aerodeslizador encender la luz amarilla centelleante de todo horizonte?

A) Desde la salida hasta la puesta del sol.

B) Desde la puesta hasta la salida del sol.

C) Cuando opere en la condición sin desplazamiento.

D) En cualquier momento.

25.- Un buque de propulsión mecánica en navegación y de 100 m de eslora está obligado a llevar:

A) Un tope de proa, un tope de popa más bajo que el de proa, y las luces de costado

B) Un tope de proa, un tope de popa más alto que el de proa, las luces de costado y la luz de alcance.

C) Tres luces blancas todo horizonte, las luces de costado y la luz de alcance.

D) Tres luces blancas todo horizonte, las luces de costado y la luz de alcance.

26.- Si un buque de propulsión mecánica empuja a otro mediante una conexión rígida, ¿qué luces deberá añadir a las normales de situación?

A) Ninguna.

B) Una luz de remolque

C) Un tope a proa.

D) Dos topes a proa.

27.- ¿Qué marca mostrará una embarcación que remolque a otra y cuya longitud de remolque sea igual o inferior a 200 metros?

A) Ninguna.

B) Una marca bicónica.

C) Un cesto.

D) Una bola negra.

28.- Vemos un objeto poco visible y parcialmente sumergido con una marca bicónica en cada extremo a proa y a popa. ¿De qué embarcación se trata?

A) Un buque navegando a vela y a motor.

B) Un remolcador en operaciones.

C) Un objeto remolcado cuando la longitud del remolque está entre 100 y 200 metros.

D) Un objeto remolcado cuando una longitud de remolque superior a 200m.

29.- En caso de divisar un buque que lleve una marca bicónica, se tratará de:

A) Un pesquero al arrastre.

B) Un buque remolcando a otro.

C) Un buque sin gobierno.

D) Un buque restringido por su calado.

30.- ¿Qué marca/s deberá llevar un buque de propulsión mecánica que remolque a otro mediante una unidad rígida formando ambos una unidad compuesta?

A) Una marca cónica.

B) Una marca bicónica.

C) Dos conos unidos por su vértice.

D) Ninguna marca.

31.-Entre dos veleros que se encuentran a la vista recibiendo el viento por bandas distintas y existiendo riesgo de colisión, ¿cuál deberá seguir a su rumbo?

A) El que recibe el viento por Babor.

B) Los dos meterán el timón a estribor.

C) El que recibe el viento por Estribor.

D) Siguen los dos igual, tomando precauciones.

32.-Navegamos a vela y nos disponemos a adelantar a otra embarcación que navega a vela y a motor. Los dos recibimos el viento por babor. ¿Quién deberá mantenerse apartado de la derrota del otro?

    A) Los dos deberán maniobrar.

    B) Nosotros.

    C) La otra embarcación.

    D) La embarcación que esté a barlovento.

33.- ¿Cuántas luces de tope deberán de llevar las embarcaciones de vela en navegación?

    A) Ninguna.

    B) Una.

    C) Dos.

    D) Tres.

34.- ¿Cuántas marcas deberá exhibir de día una embarcación que navega simultáneamente a vela y a motor si su eslora sobrepasa los 20 metros?

    A) Ninguna.

    B) Una cónica con el vértice hacia abajo.

    C) Dos cónicas con el vértice hacia abajo.

    D) Tres.

35.- Navegando de noche observamos por la proa la sombra de un buque que muestra una luz blanca, se trata de un...:

    A) Aerodeslizador sin desplazamiento visto de proa.

    B) De vela con el motor en movimiento, que nos muestra su proa.

    C) Buque de propulsión mecánica, en movimiento, que muestra su popa.

    D) Pesquero recogiendo las redes.

36.-Por la noche, una única luz roja en movimiento nos indicará que se trata del costado de babor de un...:

    A) Submarino.

    B) Pesquero.

    C) Buque de práctico.

    D) Velero.

37.-Navegando a motor de noche, por nuestra proa vemos una embarcación que se dirige hacia nosotros y muestra dos luces, verde y roja en la misma horizontal.

    A) Maniobraremos nosotros.

    B) Las dos maniobran, a estribor nosotros ya babor la otra.

    C) Las dos maniobran cayendo a estribor.

    D) Seguiremos a rumbo, maniobra la otra.

38.- Las luces potestativas de los veleros en navegación de noche son:

    A) Dos luces blancas todo horizonte en la misma vertical.

B) Dos luces todo horizonte, en línea vertical, roja la superior y verde la inferior

C) Dos luces todo horizonte, en línea vertical, verde la superior y roja la inferior

D) Dos luces todo horizonte, en línea vertical, roja la superior y blanca la inferior

39.- Los buques de vela en navegación exhibirán:
    A) Luces de tope, costado y alcance.
    B) Solamente luces de tope.
    C) Luces de costado y alcance.
    D) Solamente luces de costado.

40.- En el caso de ver dos luces, una roja y otra blanca la primera encima de la otra, se tratará de...:
    A) Pesquero de arrastre.
    B) Barco navegando a vela.
    C) Pesquero no de arrastre.
    D) Práctico de puerto.

41.- De noche apreciamos una luz verde sobre una blanca en la misma vertical, se trata de:
    A) Un remolcador.
    B) Un velero.
    C) Un pesquero pescando al curricán.
    D) Un pesquero al arrastre.

42.-¿Que señalan en un barco dos conos unidos por su vértice?:
    A) Un objeto remolcado poco visible.
    B) Un buque con capacidad de maniobra restringida.
    C) Un pesquero faenando.
    D) Un dragaminas en operaciones.

43.-En el caso de ver dos luces, una roja y otra blanca la primera encima de la otra, se tratará de...:
    A) Pesquero de arrastre.
    B) Barco navegando a vela.
    C) Pesquero no de arrastre.
    D) Práctico de puerto.

44.-De noche, a bordo de una embarcación de motor, vemos por nuestra proa, una luz verde justo encima de otra blanca y más abajo una luz roja. ¿Cómo maniobraremos?
    A) Caeremos a estribor para pasarle por su popa.
    B) Caeremos ampliamente a estribor para librarlo por su popa con mucho margen ya que se trata de un pesquero de arrastre faenando.

C) Caeremos a babor para cortarle la popa y evitar sus redes a popa, al tratarse de un pesquero de arrastre faenando, y ser nuestra velocidad relativa muy superior

D) La a) y la c) son correctas.

45.-Si navegando de día en un barco a motor de 10 metros de eslora se para el motor por avería...:

A) Se deben izar tres bolas negras.

B) Se pueden izar dos bolas negras pero no es obligatorio.

C) Se deben izar dos bolas negras.

D) Se debe izar una marca bicónica.

46.-¿Qué marca utilizará de día un buque dedicado a operaciones de dragado, para indicar la banda por la que podrán pasar otros buques?.

A) Dos bolas en línea vertical.

B) Dos marcas bicónicas en línea vertical.

C) Un cilindro dispuesto en posición vertical.

D) Dos conos con el vértice hacia abajo en línea vertical.

47. - Dos luces rojas colocadas verticalmente en todo el horizonte, significa que tenemos a la vista un buque...:

A) Cablero que se encuentra parado y sin arrancada.

B) Sin gobierno en navegación y con arrancada.

C) Sin gobierno en navegación, parado y sin arrancada.

D) Restringido por su calado.

48. -Si divisamos una embarcación con tres marcas en línea vertical: una bola, una bicónica en medio y una bola, se trata de:

A) Un dragaminas.

B) Un buque con capacidad de maniobra restringida.

C) Un buque sin gobierno.

D) Un buque restringido por su calado.

49.- Si divisamos una embarcación con la bandera "A' (blanca y azul), se trata de:

A) Un buque de la Armada.

B) Un buque transportando mercancías peligrosas.

C) Un buque dedicado a operaciones de buceo.

D) Un buque de guerra o un dragaminas en operaciones.

50.-Si de noche divisamos dos luces rojas en la misma vertical y, debajo de ellas una luz verde ¿De cuál de las siguientes embarcaciones puede tratarse?.

A) Una embarcación varada.

B) Un pesquero faenando.

C) Un buque sin gobierno con arrancada.

D) Un buque con capacidad de maniobra restringida.

51.- Un buque exhibe las siguientes marcas: una bola a proa y tres marcas en línea vertical bola, bicónica y bola. Se trata de un buque:

    A) Con capacidad de maniobra restringida que está fondeado.

    B) Con capacidad de maniobra restringida.

    C) Fondeado y restringido por su calado.

    D) Fondeado con eslora superior a 150 m.

52.- En caso de ver un barco con un cilindro en un lugar visible se tratará de...:

    A) Un barco con capacidad de maniobra restringida.

    B) Un barco restringido por su calado.

    C) Un barco sin gobierno.

    D) Un pesquero no de arrastre.

53.- Un buque deberá mostrar tres esferas negras dispuestas en línea vertical...:

    A) Siempre que está en navegación.

    B) Cuando tenga su capacidad de maniobra restringida.

    C) Cuando esté sin gobierno.

    D) En caso de estar varado.

54.- ¿En qué momento queda exento un buque varado de la obligación de llevar tres bolas negras en vertical?.

    A) Los fines de semana.

    B) Durante el día.

    C) Durante la noche.

    D) Durante la tarde.

55.- Un buque presenta dos luces rojas en línea vertical y dos luces blancas, una a proa y otra a popa, la de proa más elevada que la de popa, se trata de...

    A) Un buque con capacidad de maniobra restringida.

    B) Un buque sin gobierno.

    C) Un buque fondeado.

    D) Un buque varado.

56.- ¿Qué marca deberá mostrar durante el día un buque fondeado?.

    A) Una marca bicónica a proa.

    B) Dos conos unidos por sus bases.

    C) Una bola negra situada a proa.

    D) Un cilindro.

57.-Una pitada larga significa un sonido de una duración aproximada de:

    A) Cuatro a seis segundos.

    B) Un minuto

    C) Diez a once segundos.

    D) Dos minutos.

58.- Una embarcación de eslora inferior a 12 m. ¿de qué instrumentos acústicos deberá de ir dotada?

    A) De cualquier medio para hacer señales acústicas eficaces.

    B) Silbato y campana.

    C) Campana y pito.

    D) Pito y gong.

59.-Un buque de más de 100 metros de eslora, deberá llevar para realizar las señales acústicas:

    A) Tres bocinas de señales a proa, a popa y en el puente.

    B) Una campana y un pito.

    C) Una campana, un pito y una bocina de señales.

    D) Una campana, un pito y un gong.

60.- Nos aproximamos a un buque y no entendemos sus intenciones. Para mostrarle nuestra duda podremos emitir un grupo de por lo menos cinco pitadas rápidas. ¿Qué duración deberán tener dichas pitadas?

    A) Un segundo cada una.

    B) Entre 4 y 6 segundos cada una.

    C) Las dos primeras 1 seg. y las siguientes entre 4 y 6 seg.

    D) Las dos primeras entre 4 y 6 seg. y las siguientes 1 seg.

61.-En un canal angosto, ¿Qué significan dos pitadas largas seguidas de dos cortas?

    A) Un buque avisa que tiene dudas sobre las intenciones de otro buque

    B) Un buque avisa que está dando todo avante.

    C) Un buque avisa que tiene necesita práctico.

    D) Un buque avisa que pretende adelantar a otro por su banda de babor.

62.- Navegando dentro de un canal angosto oímos tres pitadas seguidas. Las dos primeras duran unos cinco segundos y la tercera un segundo. ¿Cuál será la intención del buque que las emite?

    A) Dar marcha atrás.

    B) Adelantar a otro buque por su banda de babor.

    C) Adelantar a otro buque por su banda de estribor.

    D) Dar a entender su conformidad con el adelantamiento.

63.-¿Cuál es la señal fónica que da conformidad para que en un canal angosto sea adelantado un buque tanto por estribor como por babor?

    A) Corta, larga, corta, larga.

    B) Una larga y tres cortas.

    C) Cinco cortas.

    D) Larga, corta, larga, corta.

64.-Queremos indicar a otra embarcación que vamos a caer a babor. ¿Cuántos segundos deberá durar cada una de las dos pitadas que tendremos que emitir?.

    A) Uno.

B) Seis.

C) Entre 4 y 6.

D) Es indiferente.

65. -¿Cómo se indicará la duda en la intencionalidad de la maniobra de otro barco?.

A) Mediante la emisión de tres pitadas cortas.

B) Mediante la emisión de cuatro pitadas largas.

C) Mediante la emisión de cinco pitadas cortas.

D) Mediante el uso de la bandera Alfa

66.- ¿Qué deberá hacerse al aproximarse a un recodo o canal angosto, en el que no puedan verse otros buques, por estar obstaculizada la visión?

A) Disminuir la velocidad hasta la mínima de gobierno.

B) Aumentar la velocidad.

C) Indicar la presencia de la embarcación mediante una pitada larga.

D) Navegar por el centro del canal para no tropezar con algún bajo.

67.-Navegando, oímos de un buque que está a la vista, tres pitadas cortas. ¿Cuál es su significado?:

A) Que está avante.

B) Que está parando las máquinas.

C) Que nosotros debemos parar las máquinas.

D) Que está dando atrás.

68.-Si en un canal angosto vemos que se acerca un buque por nuestra popa y da dos pitadas largas y una corta, ¿cómo actuaremos?

A) Parar rápidamente.

B) Meter todo a estribor.

C) Meter todo a babor.

D) Daremos las pitadas siguientes: larga, corta, larga y corta.

69.- En tiempo de niebla, ¿qué señal fónica emitirá el buque remolcado?

A) Una pitada larga y tres cortas después de la señal del remolcador.

B) Dos pitadas largas.

C) Un repique de campana.

D) Cuatro pitadas cortas.

70.- En una zona de visibilidad reducida, un buque de vela deberá emitir tres pitadas (larga-corta-corta) a intervalos que no excedan de...:

A) 15 segundos.

B) 1 minuto

C) 2 minutos.

D) 3 minutos.

71.- En tiempo de niebla, oímos dos pitadas largas cada dos minutos, ¿de qué buque se trata?

A) De una embarcación de práctico.

B) De un buque de propulsión mecánica navegando con arrancada.

C) De un buque navegando a vela.

D) De un buque de propulsión mecánica en navegación parado y sin arrancada.

72.-Un buque sin gobierno en tiempo de niebla emitirá...:

A) Dos sonidos largos cada dos minutos.

B) Tres sonidos largos cada dos minutos.

C) Una pitada larga y un repique de campana.

D) Una pitada larga y dos cortas cada dos minutos.

73. -Con visibilidad reducida, se oyen tres pitadas cada dos minutos: una larga seguida de dos cortas. ¿De qué buque se trata?

A) Buque con capacidad de maniobra restringida.

B) Buque restringido por su calado.

C) Pesquero faenando.

D) Puede ser cualquiera de los anteriores.

74.- En el caso de oír un repique de campana de unos cinco segundos de duración y repetido a intervalos de un minuto, podría suponer la existencia en las proximidades de...:

A) Un barco de propulsión mecánica parado y sin arrancada.

B) Un pesquero de arrastre.

C) Un pesquero no de arrastre con el arte extendido.

D) Un barco fondeado.

75.-¿Qué señal fónica hará una embarcación de 10 m. de eslora en caso de cerrarse niebla?

A) Una pitada larga cada 2 minutos

B) Un repique de campana cada 2 minutos

C) Cualquier señal acústica eficaz cada 2 minutos.

D) Las embarcaciones menores de 12 m. de eslora no emitirán ninguna señal

76.-Conforme al Reglamento, ¿cuál de las siguientes señales no está clasificada como de peligro y necesidad de ayuda?

A) Una bola negra sobre una vela triangular.

B) Señal acústica o luminosa formada por: tres puntos, tres rayas y tres puntos (... ---...).

C) La señal "NC' del Código Internacional de Señales.

D) llamaradas a bordo de una embarcación.

77.- ¿Qué dos banderas podrán izarse juntas en una embarcación para indicar un peligro y la necesidad de ayuda?

A) Q y B.

B) N y C.

C) N y R.

D) A y R

78.-¿Cuándo podrán utilizarse las señales fumígenas?
A) En caso de haber algún peligro o necesitar ayuda.
B) En caso de estar practicando un ejercicio de salvamento.
C) Siempre que no se estorbe el tráfico normal de otros buques.
D) Las respuestas "a" y "b" son igualmente válidas.

79.-Observamos en la mar a una persona a bordo de una embarcación que está subiendo y bajando los brazos con movimientos lentos y repetidos, nos quiere indicar...
A) Que nos alejemos de él.
B) Que está en peligro y necesita ayuda.
C) Nos saluda.
D) No quiere indicar nada.

80.- Para indicar peligro y necesidad de ayuda se podrán utilizar...
A) Cohetes que despidan estrellas rojas, lanzados uno a uno y a cortos intervalos.
B) Una bengala de mano que produzca una luz roja.
C) La señal de peligro MC del código internacional de señales.
D) Las respuestas a y b son válidas

81.- La palabra que se repite tres veces para indicar a otros barcos o a una Estacón Costera que estamos en peligro y necesitamos ayuda inmediata es:
A) Peligro
B) Socorro
C) Mayday
D) Help

82.- ¿Cuál de las siguientes señales indica peligro y necesidad de ayuda según el RIPA?
A) Cohetes de color verde.
B) Un trozo de lana de color naranja con un cuadro negro y un círculo u otro símbolo pertinente.
C) Una X marcada en cubierta.
D) Enarbolar la bandera "alfa" del código internacional de señales.

83.- Las luces de costado podrán estar combinadas en un solo farol llevado en el eje longitudinal del buque:
A) Solamente en los buques que naveguen a vela.
B) En ningún caso.
C) En los buques de eslora inferior a 24 m.
D) En los buques de eslora inferior a 20 m.

84.- Según el RIPA, ¿pueden los barcos fondear en un canal angosto?
A) Nunca

B) Siempre.

C) Deberá evitase siempre que las circunstancias lo permitan.

D) No sólo pueden sino que debe hacerse.

85.- Los buques de eslora igual o superior a 12 metros, deberán ir dotados obligatoriamente de:

A) Un pito y una campana.

B) Un pito, una campana y un gong.

C) Un pito.

D) Una campana y un gong.

SOLUCIONES A LAS PREGUNTAS DE TEST DE REGLAMENTO INTERNACIONAL PARA PREVENIR LOS ABORDAJES (RIPA)

1A	30D	59D
2B	31C	60A
3B	32B	61D
4D	33A	62C
5C	34B	63D
6B	35C	64A
7A	36D	65C
8C	37A	66C
9A	38B	67D
10C	39C	68D
11D	40C	69A
12A	41D	70C
13C	42C	71D
14B	43C	72D
15D	44B	73D
16A	45B	74D
17C	46B	75C
18A	47C	76A
19A	48B	77B
20D	49C	78A
21B	50C	79B
22B	51A	80D
23D	52B	81C
24C	53D	82B
25B	54C	83D
26A	55D	84C
27A	56C	85A
28D	57A	
29B	58A	

PREGUNTAS DE TEST UNIDAD TEÓRICA 7 MANIOBRA Y NAVEGACIÓN. NÚMERO DE PREGUNTAS DE EXAMEN 2.

1.- La acción de tirar de un cabo hacia nosotros e irlo recogiendo recibe el nombre de:
    A) Templar
    B) Lascar
    C) Largar
    D) Cobrar

2.- Si la corriente es de popa y queremos desatracar la embarcación, ¿qué cabo dejaremos dado al muelle para que nos abra la popa?
    A) Spring de proa.
    B) Codera.
    C) Spring de popa.
    D) Largo de popa.

3.- Al cobrar de un spring de proa, sin más amarras, el barco:
    A) Atraca
    B) Desatraca
    C) Atraca la proa y va hacia atrás.
    D) Atraca la popa y va hacia atrás

4.- Sin más cabos dados a tierra, para atracar la popa y mover la embarcación hacia atrás, cobraremos del:
    A) Amarra de proa.
    B) Largo de proa.
    C) Spring de proa.
    D) Largo de popa.

5.- La corriente actúa sobre la obra viva:
    A) En la mayoría de los casos.
    B) En algunos casos.
    C) En ningún caso.
    D) En todos los casos.

6.- Con una embarcación provista de una sola hélice de paso a la derecha, ¿por dónde es más fácil hacer la ciaboga si no hay ni viento ni corriente?
    A) Es indiferente.
    B) Por estribor.
    C) Depende del tamaño de la hélice.
    D) Por babor.

7.- En la maniobra de desatraque con viento de popa, se tendrá en cuenta que...
    A) El primer cabo a largar es el spring de proa.
    B) El último cabo a largar es el largo de proa.
    C) El último cabo a largar es el largo de popa.
    D) El último cabo a largar es el spring de proa.

8.- ¿Cuál es la finalidad de amarrar por seno un cabo?
    A) Facilitar el desamarre de la embarcación, sin ayuda desde tierra.
    B) Poder atracar la embarcación sin necesidad de amarradores.
    C) Amarrar la embarcación de una manera menos segura.
    D) Facilitar el trabajo de amarre de la embarcación en pequeños atraques.

9.- En caso de atracar proa al viento dejando el muelle a estribor, ¿qué cabo debería darse primero?
    A) Un través a proa de la embarcación.
    B) Un largo a popa de la embarcación.
    C) Un spring a proa de la embarcación.
    D) Un largo a proa de la embarcación.

10.- Si en un barco parado y sin arrancada con hélice dextrógira, damos marcha atrás teniendo un viento moderado que nos entra por la aleta de babor, lo más probable es:
    A) Que la popa caiga a estribor.
    B) Que la proa caiga a babor.
    C) Que la popa caiga hacia el viento.
    D) Que la proa caiga hacia el viento.

11.- ¿Cómo actuaremos si queremos caer rápidamente a babor en una embarcación con dos hélices?
    A) Avante estribor y atrás babor
    B) Avante babor y atrás estribor
    C) Avante babor, atrás estribor y timón a babor.
    D) Avante estribor y babor con timón a estribor.

12.-¿Cómo suele ser la maniobra de acercamiento a una embarcación fondeada?
    A) Por el costado.
    B) Por la proa.
    C) Por la popa
    D) Por la banda de sotavento para resguardarse del mal tiempo.

13.- ¿De qué depende la arrancada?
    A) De la velocidad antes de parar y del peso de la embarcación.
    B) De la profundidad y distancia de la costa.
    C) De la potencia del motor.
    D) Del viento y la forma de las olas.

14.-Una codera es:
A) Un cabo de través dado por el lado de la mar.
B) Un cabo oblicuo de refuerzo dado a tierra.
C) Un elemento de amarre
D) Una boya.

15.-¿Qué ocurre cuando se mete la caña del timón a una banda, con arrancada avante?
A) Que la proa cae siempre a estribor.
B) La caída del barco es siempre a babor.
C) Que la proa cae a la misma banda a la que se mete.
D) Que la proa cae a la banda contraria a la que se mete.

16. - Con arrancada avante y máquina atrás, el barco...
A) Sigue avante y termina parando.
B) Va atrás.
C) Está parado.
D) Depende de las revoluciones.

17.-Un barco gobierna mejor con la corriente:
A) Por el través
B) Por la popa
C) Por la proa
D) Es indiferente

18.- En un barco con hélice de paso a la derecha y parado, al dar atrás, ¿hacia dónde cae la popa?
A) Depende de cada barco.
B) A estribor.
C) A babor.
D) Ni a babor ni a estribor.

19.- Al atracar o desatracar del muelle, habrá que tener especial cuidado con las amarras de popa, para que...:
A) No se formen cocas o nudos.
B) Sean lo suficientemente largas y gruesas.
C) No se enreden en la hélice.
D) Todas trabajen al unísono.

20.- A fin de evitar los enredos de los cabos se suelen recoger dándoles vueltas. Esta acción es conocida como...:
A) Voltear.
B) Tomar vueltas.
C) Adujar.
D) Ordenar.

21.- Cuando un barco navega a poca velocidad, el efecto del timón es...:
 A) Grande.
 B) Muy pequeño.
 C) Nulo.
 D) Excesivo

22.- Es preferible realizar el abarloamiento a otra embarcación por...:
 A) Barlovento y con las defensas preparadas.
 B) Sotavento y con las defensas preparadas.
 C) Proa y revirar con el ancla.
 D) Su amura de estribor y utilizando el bichero.

23.- Lo mejor para amarrar a una boya es:
 A) Poner popa al viento.
 B) Poner proa al viento.
 C) Con el barco parado.
 D) Da lo mismo como se haga.

24.- En un barco con una sola hélice dextrógira, al dar atrás, el efecto que se produce es:
 A) La popa cae a babor y por tanto la proa también cae a babor.
 B) La popa cae a babor y la proa no se mueve.
 C) La popa cae a estribor y la proa no se mueve.
 D) La popa cae a babor y por tanto la proa lo hace a estribor.

25.- ¿Qué efecto tiene el largo de popa en las maniobras?:
 A) Al virarlo el barco va avante y atraca la popa.
 B) Al virarlo el barco va avante y atraca la proa.
 C) Ninguna de las anteriores es correcta.
 D) Al virarlo el barco va atrás y atraca la popa.

26.- Si queremos desatracar la proa, teniendo la corriente de proa, ¿Qué cabo dejaremos dado a tierra para que se nos abra la proa (maniobra conocida como hacer cabeza)?
 A) Spring de proa.
 B) Spring de popa.
 C) Largo de popa.
 D) Codera.

27.- Se tendrá en cuenta en un barco con mucha obra muerta y con viento que:
 A) Ninguna respuesta es correcta.
 B) No nos afecta.
 C) Abate a sotavento.
 D) Abate a barlovento.

28.- Una embarcación de dos hélices de giro al exterior, tiene como ventaja
 A) La ciaboga se realiza mejor

B) La ciaboga se realiza peor

C) Es lenta para ciabogar

D) Se descompensa rápidamente

29.- Si templamos un cabo:

A) Lo calentamos un poco

B) Lo ponemos en tensión eliminando el seno.

C) Le damos vueltas en un noray

D) Lo lanzamos al agua.

30.- Hacia donde cae la proa en una embarcación de hélices gemelas de giro al exterior, al dar avante estribor y atrás babor?

A) A estribor

B) A babor

C) No cae a ninguna banda

D) Depende del giro de las hélices a babor o estribor

31.- Cuando navegamos en pasos estrechos o en las cercanías de otros barcos, si caemos hacia una banda es conveniente tener en cuenta:

A) El rabeo de la proa

B) El rabeo de la popa

C) El rabeo de la amura

D) El rabeo de la crujía

32.- ¿Qué ángulo forman el rumbo efectivo y el rumbo verdadero?

A) Demora.

B) Deriva.

C) Abatimiento.

D) Desvío-

33.- La curva de evolución en marcha avante está dividida en tres fases, indique cuál de las siguientes NO es una de ellas:

A) De arrancada.

B) Uniforme.

C) Variable

D) De maniobra.

34.- La velocidad de gobierno es aquella que mantiene a la embarcación:

A) Con velocidad mínima.

B) Con velocidad máxima.

C) Con arrancada.

D) Con capacidad de maniobra.

SOLUCIONES A LAS PREGUNTAS DE TEST DE MANIOBRAS Y NAVEGACIÓN

1D	18C
2A	19C
3C	20C
4D	21B
5D	22B
6B	23B
7D	24D
8A	25D
9D	26B
10C	27C
11A	28A
12C	29B
13A	30B
14A	31B
15D	32B
16A	33A
17C	34D

PREGUNTAS DE TEST UNIDAD TEÓRICA 8 EMERGENCIAS EN LA MAR. NÚMERO DE PREGUNTAS DE EXAMEN 3.

1.- Ante una hemorragia no muy intensa actuaremos:
   A) Haciendo un torniquete.
   B) Comprimiendo y lavando la herida.
   C) Amputando el miembro afectado.
   D) Esperando hasta que pare por sí sola.

2.- ¿Qué ayuda lanzaremos al náufrago?
   A) A otra persona.
   B) Una boza.
   C) Un aro salvavidas.
   D) Un spring.

3.- Si navegando próximos a la costa sufrimos una avería grave y quedamos al garete, podemos: llamar...
   A) Al Servicio Marítimo de la Cruz Roja.
   B) Al Centro Internacional de Coordinación de Salvamento.
   C) A la Cofradía de Pescadores más cercana.
   D) A una Estación Costera que avisará a Salvamento Marítimo

4.- El incendio producido en la sala de máquinas de un yate ha producido quemaduras de cierta consideración al maquinista. Si tiene la piel de los brazos quemada, pero aún no se le han formado costras, se procederá primeramente a:
   A) Se le sumergirá la parte quemada en alcohol y se le aplicará un bálsamo.
   B) Mojar la zona afectada durante un cierto tiempo, no vaciar las ampollas y aplicar algún calmante.
   C) Limpiar la zona afectada, restregando con un trapo para eliminar trozos de ropa quemada y cubrir la zona afectada con vendas y vaselina.
   D) Se procederá a vaciar las ampollas para evitar la molestia.

5.- El mal estado del tiempo y de la mar afecta directamente...:
   A) Al riesgo de accidentes.
   B) A la seguridad de abordo.
   C) Al casco del barco.
   D) Las tres respuestas anteriores son correctas.

6.- Se considerarán puntos de mayor riesgo de inundación con olas que barren la cubierta a:
   A) Los grifos de fondo.
   B) Las lumbreras.

C) Todas son correctas.

D) Los portillos.

7.- Según el protocolo, ¿cómo se iniciará la emisión de un mensaje de socorro en el caso de tener que abandonar la embarcación?

A) SOS repetido tres veces.

B) RELAY MAYDAY.

C) PANPAN repetido tres veces.

D) MAYDAY repetido tres veces.

8.- Un torniquete aplicado en un miembro superior deberá mantenerse aplicado cómo máximo ininterrumpidamente:

A) Dos horas aflojándolo cada 20 minutos

B) Veinte minutos aflojándolo cada minuto.

C) Una hora, aflojándolo 10 minutos

D) Una hora y media.

9.- ¿Qué tipo de ayuda deberá lanzarse al náufrago desde la embarcación?

A) Un chaleco salvavidas.

B) El objeto flotante que tenga más a mano.

C) Una señal fumígena.

D) El trinquete.

10.- Al fallar el timón, la embarcación se queda sin capacidad para...:

A) Maniobrar.

B) Cambiar el rumbo.

C) Dar más revoluciones al motor.

D) Las respuestas a y b son correctas.

11.- A fin de evitar inundaciones, cuando el barco esté en varadero, se le deberá realizar una revisión de los elementos tales como...:

A) Anclas, cabos, bitas.

B) Motor, hélice y timón.

C) Plan de la cubierta, palos y velamen.

D) Grifos de fondo, bocina y limera.

12.- ¿Cuáles de los siguientes elementos deben existir para que se produzca fuego?

A) Calor

B) Combustible

C) Comburente y reacción en cadena

D) Todos los anteriores.

13.- En caso de inundación debemos:

A) Emitir tres señales cortas.

B) Escorar el barco.

C) Aumentar la velocidad.

D) Poner a funcionar las bombas de achique.

14.- Las partes del cuerpo que más se verán afectadas por el frío serán...:
   A) Orejas, nariz, dedos de pies y manos.
   B) Brazos, dedos y cabeza.
   C) Pies, cabeza y piernas.
   D) Cadera, cabeza y piernas.

15.- ¿Qué canal o frecuencia deberá usarse preferentemente para la emisión de un mensaje de emergencia?
   A) Canal 16.
   B) Canal 12.
   C) Canal 14.
   D) Frecuencia 500Khz o 2182 Khz.

16.- Si se vara en fondo rocoso y no hay vías de agua, lo que se debe intentar es
   A) Esperar a que suba la marea
   B) Esperar a que baje la marea
   C) Esperar a que vengan a remolcarnos
   D) Reflotar el barco lo antes posible para que el oleaje no abra vías de agua

17.- Al declararse un incendio, actuaremos así:
   A) Apagar con chorro de agua inmediatamente
   B) Conseguir buen viento para que lo apague
   C) Observar que es lo que se quema para aplicar el agente extintor adecuado, y aislar el fuego
   D) Utilizar una manta mojada

18.- En el caso de tener que abandonar la embarcación por vuelco
   A) Lo mejor es nadar rápido hacia la costa
   B) Es mejor permanecer sobre la embarcación volcada o en sus proximidades
   C) Intentaremos darle la vuelta con nuestros medios
   D) Lo mejor es quitarse toda la ropa.

19.- Los incendios de clase F, corresponden a:
   A) Incendios de sólidos.
   B) Incendios de aceites y grasas.
   C) Incendios de líquidos.
   d) Incendios de gases

20.- En una hemorragia venosa:
   A) La sangre es de color rojo vivo, sale a borbotones y con gran presión.
   B) La sangre es de color rojo oscuro, sale a borbotones y con gran presión.
   C) La sangre es de color rojo oscuro, mana de forma continua y con poca presión.
   D) La sangre es de color rojo vivo, mana de forma continua y con poca presión.

21.- Para evitar un abordaje, que NO debemos hacer
    A) Hacer todo lo posible por ver y ser vistos
    B) Mantener siempre una persona de guardia vigilando el horizonte
    C) Encender las luces de navegación desde el atardecer.
    D) Confiar en que todo el mundo respeta el Reglamento de abordajes.

22.- El agua se podrá utilizar para apagar fuegos de clase.
    A) B
    B) A
    C) E
    D) C

23.- ¿Por qué causa NO se produce la varada involuntaria?
    A) Por garreo del ancla estando fondeados.
    B) Por navegar en aguas profundas
    C) Por navegar con poca sonda
    D) Por bajada de la marea estando fondeados.

24.- ¿Qué riesgo tiene una embarcación en la salida de una varada involuntaria en fondo fangoso?
    A) La avería en los tanques de combustible a causa de la mezcla con el fango.
    B) La rotura de las palas de la hélice a causa de su bloqueo en el fango.
    C) Los desgarros en el casco a causa del efecto ventosa del fango.
    D) La avería del motor a causa de la obturación del grifo de fondo por el fango.

25.- ¿Cómo se denomina la estaquilla de madera o plástico en forma de clavo y que sirve para taponar un agujero?
    A) Turafalla.
    B) Espiche.
    C) Abrazadera.
    D) Brida.

26.- ¿Qué elementos forman el llamado tetraedro del fuego?
    A) Combustible, oxígeno y reacción en cadena.
    B) Combustible, calor, metano y reacción en cadena.
    C) Combustible, oxígeno, calor y reacción en cadena.
    D) Nitrógeno, oxígeno, calor y reacción en cadena

SOLUCIONES A LAS PREGUNTAS DE TEST DE EMERGENCIAS EN LA MAR

1B	14A
2C	15A
3D	16D
4B	17C
5D	18B
6C	19B
7D	20C
8A	21D
9B	22B
10D	23B
11D	24D
12D	25B
13D	26C

PREGUNTAS DE TEST UNIDAD TEÓRICA 9 METEOROLOGÍA. NÚMERO DE PREGUNTAS DE EXAMEN 4.

1.- Porqué es importante conocer la previsión meteorológica en la mar
   A) Para saber si va a llover.
   B) Para saber si podemos tomar el sol.
   C) Para saber si vamos a poder navegar.
   D) Es una mera curiosidad.

2.- Tres formas de conseguir la previsión meteorológica serían:
   A) A través de los boletines emitidos por las Estaciones costeras
   B) A través del Sistema Navtex
   C) A través de AEMET
   D) Las tres son correctas

3.- La medida de la presión atmosférica se realiza con:
   A) Un termómetro
   B) Una veleta
   C) Un presiómetro
   D) Un barómetro.

4.- Una línea isobárica
   A) Une puntos de la misma sonda.
   B) Une puntos con la misma presión
   C) Une puntos de igual temperatura
   D) Une puntos con la misma altura de ola.

5.- La temperatura del aire se mide con el:
   A) Barómetro
   B) Psicómetro
   C) Termómetro
   D) Barógrafo

6.- Hay una borrasca en la zona por donde quiero navegar.
   A) No hay problemas soy un patrón experto
   B) No debería salir a navegar.
   C) La mar estará en calma.
   D) Ninguno de los anteriores

7.- ¿Cuál de las siguientes expresiones no es correcta?
   A) Un anticiclón trae buen tiempo para navegar
   B) Una borrasca está asociada con mal tiempo para navegar

C) Una borrasca suele venir con lluvia y viento.

D) Un anticiclón es signo de mal tiempo.

8.- En una borrasca, ¿qué afirmación es falsa?:

A) Las isobaras están muy juntas

B) Los valores de la presión son bajos.

C) El viento circula en el sentido de las agujas del reloj

D) El clima asociado es mala mar, vientos, lluvias…

9.- ¿Cuáles son las diferencias entre una borrasca y un anticiclón?

A) Las isobaras en un anticiclón están separadas y juntas en una borrasca.

B) El viento gira en sentido de las agujas de reloj en un anticiclón y en sentido contrario en las borrascas.

C) El anticiclón está asociado a buen tiempo, la borrasca a mal tiempo.

D) Todas las anteriores son correctas

10.- ¿Qué efectos produce el viento?

A) Aumenta el oleaje

B) Los barcos son desplazados hacia sotavento

C) Los barcos fondeados bornean o giran alrededor del ancla

D) Todo lo anterior es correcto

11.- Se dice que el viento rola cuando:

A) Sopla del Norte

B) Cambia de dirección

C) Sopla más fuerte

D) Sopla del mar

12.- La escala Beaufort

A) Indica la fuerza del viento

B) Indica la temperatura del mar.

C) Indica la profundidad del mar.

D) No sirve para nada de lo anterior

13.- Nos acercamos a tierra, qué deberemos tener en cuenta sobre todo para la maniobra de atraque:

A) La temperatura del agua

B) La dirección en la que sopla el viento.

C) El compás

D) La estela del barco

14.- Un viento de fuerza 8 es un temporal y

A) Saldremos a navegar

B) No saldremos a navegar

C) Trae asociadas grandes olas

D) Las respuestas b y c son correctas

15.- La brisa llamada terral:
    A) Sopla atravesada
    B) Sopla de la tierra al mar durante la noche.
    C) Sopla del mar a la tierra durante el día
    D) Son vientos costeros de cualquier dirección

16.- La escala Douglas:
    A) Es una escala de diez grados que está en función de la altura de las olas
    B) Es una escala de doce grados que mide la presión atmosférica.
    C) No existe esta escala
    D) Es una escala que dice cuando la temperatura del mar aumenta.

17.- La predicción marítima es: Mar de fondo del oeste de 1 m a 1,5 m, aumentando a 2 m al final del día.
    A) Las condiciones son buenas para navegar
    B) Es una marejada aumentando a fuerte marejada, no debemos salir a navegar.
    C) Navegaré mar adentro donde las olas serán más pequeñas
    D) Mi barco es marinero, no es un problema.

18.- Estoy en el mar y quiero saber la predicción marítima para las próximas horas del día. ¿Qué haré?
    A) Escucharé la previsión que emite la estación Costera más próxima a sus horas de emisión.
    B) Si las gaviotas vuelan bajo seguro que el tiempo mejorará.
    C) Es mejor escuchar música que oir a una estación Costera.
    D) No hay forma de saber la previsión una vez que hemos zarpado

19.- Si el barómetro baja rápidamente:
    A) El tiempo mejora
    B) Habrá mucho viento terral
    C) Habrá vientos fuertes y precipitaciones
    D) Se está acercando un anticiclón

20.- La previsión meteorológica es que se acerca una borrasca, pero la temperatura sube, es señal de que:
    A) La subida de temperatura es previa a la borrasca
    B) Mejorará el tiempo
    C) Empeorará el tiempo
    D) Las respuestas a y c son correctas

21.- El número de horas durante las cuales sopla un viento de dirección y fuerza aproximadamente constante se denomina:
    A) Persistencia
    B) Fetch
    C) Intensidad
    D) Frente

22.- Las isobaras que forman parte de un anticiclón tienen un valor mayor de:
   A) 1.010 mbs
   B) 760 mm de Hg
   C) 740 mm de Hg
   D) 1.000 mbs.

23.- Son unidades de presión:
   A) El milímetro mm de Hg (mercurio), el °C, y el hpa (hectoPascal)
   B) El milímetro mm Hg (mercurio), el mbar (milibar) y el hPa (hectoPascal).
   C) El mbar, el hPa (hectoPascal) y el nudo.
   D) El mbar, el hPa (hectoPascal) y el Kw.

24.- El tamaño de las olas viene determinado
   A) La intensidad del viento, la persistencia del viento y el Fetch.
   B) La época del año y el Fetch.
   C) La época del año, el Fetch y la fisonomía de la costa.
   D) La época del año y la fisonomía de la costa.

25.- Se define como virazón a:
   A) El viento que cambia constantemente de dirección.
   B) La acción de maniobrar toda a estribor.
   C) La brisa costera diurna que sopla de la mar hacia tierra.
   D) La acción de ciabogar.

26.- ¿Cómo se llama el viento que notamos a bordo cuando el barco está con arrancada?
   A) Real
   B) Ficticio.
   C) Supuesto
   D) Aparente

27.- ¿Qué parámetro del viento indica el cataviento?
   A) El fetch
   B) La dirección.
   C) La persistencia.
   D) La intensidad.

28.-¿Qué tiempo podemos predecir en nuestras latitudes si la presión baja y la temperatura sube?
   A) Niebla.
   B) Aproximación de una borrasca.
   C) Buen tiempo duradero, aproximación de anticiclón.
   D) Viento aparente nulo.

29.- ¿Que parámetros atmosféricos tendremos en cuenta a la hora de hacer una predicción meteorológica?
   A) Las líneas isobáticas.

B) La temperatura y la presión atmosféricas.

C) El higrómetro y las precipitaciones.

D) La persistencia y el fetch de las nubes.

30.- En un anticiclón:

A) Los valores más bajos de la presión están en el centro y disminuyen a medida que nos alejamos de él.

B) Los valores más bajos de la presión están en el centro y aumentan a medida que nos alejamos de él.

C) Los valores más altos de la presión están en el centro y aumentan a medida que nos alejamos de él.

D) Los valores más altos de la presión están en el centro y disminuyen a medida que nos alejamos de él.

31.- En un mapa meteorológico podemos interpretar que:

A) Las isobaras por debajo de 1012 mb pertenecen a un anticiclón y las superiores a 1012 pertenecen a una borrasca.

B) Las isobaras por encima de 1012 mb pertenecen a un huracán.

C) Las isobaras por debajo de 1012 mb pertenecen a un buen día de sol.

D) Las isobaras por debajo de 1012 mb pertenecen a una borrasca y las superiores a 1012 pertenecen a un anticiclón.

SOLUCIONES A LAS PREGUNTAS DE TEST DE METEOROLOGÍA

1C
2D
3D
4B
5C
6B
7D
8C
9D
10D
11B
12A
13B
14D
15B
16A

17B
18A
19C
20D
21A
22B
23B
24A
25C
26D
27B
28B
29B
30D
31D

PREGUNTAS DE TEST UNIDAD TEÓRICA 10 TEORÍA DE LA NAVEGACIÓN. NÚMERO DE PREGUNTAS DE EXAMEN 5.

1.- Un minuto de latitud en la carta equivale a:
A) Un nudo de velocidad.
B) Una milla náutica en la carta medida en la zona cercana de latitud a la que se ha tomado el minuto.
C) Una milla náutica en cualquier parte de la carta.
D) La décima parte de un grado.

2.- Qué nombre recibe una luz de un faro que permanece más tiempo encendida que apagada?
A) Luz de destellos.
B) Luz de ocultaciones.
C) Luz intermitente.
D) Luz fija.

3.- El rumbo magnético es el ángulo que forma la dirección de la embarcación con el meridiano...:
A) Geográfico.
B) Magnético.
C) De Greenwich.
D) Del lugar.

4.- Si la dm = 5º NW, y el desvío de aguja = 3º NW, ¿cuánto vale la corrección total?
A) Ct = +2º
B) Ct = -2º.
C) Ct = + 8º
D) Ct = -8º.

5.- Si estamos en una zona en la que la declinación magnética = 3º NW y el desvío de la aguja = 5º NW, el rumbo en la carta es de 150º, el rumbo que debe de poner el timonel es un rumbo de aguja de:
A) 150º.
B) 158º.
C) 142º
D) 152º.

6.- El ecuador terrestre es...:
A) Un plano que va de polo a polo y que divide a la Tierra en dos mitades.
B) Un círculo máximo perpendicular al eje de la Tierra.

C) La línea que une el centro de la Tierra con la situación del observador.

D) Plano paralelo al hemisferio Norte.

7.- Si medimos el ángulo que forma nuestra proa con la visual trazada a un Faro, estaremos midiendo una:

A) Marcación.

B) Demora verdadera.

C) Rumbo respecto al Faro.

D) Depende de si el ángulo es verdadero, magnético o de aguja.

8.- Se llama corrección total a…

A) La suma algebraica de la inclinación magnética y la variación local.

B) La suma algebraica de la declinación magnética y la variación.

C) La suma algebraica del desvío y la declinación magnética.

D) La suma de la enfilación y el desvío.

9.- En una distancia real de 57,2 millas nuestra corredera marcó 57,2 millas. ¿Cuál es el coeficiente de corredera?

A) 100

B) Uno

C) Cero.

D) 1,25.

10.- Dos chimeneas altas en la costa, pueden formar…:

A) Una marcación.

B) Una demora.

C) Una enfilación.

D) Una industria.

11.- Para que la situación obtenida por medio de dos enfilaciones tomadas al mismo tiempo tenga mayor precisión, es conveniente que entre ellas formen un ángulo de:

A) Próximo a 0 grados.

B) Próximo a 90°.

C) 180°.

D) Entre 5 y 15°.

12.- ¿Dónde deberá instalarse preferiblemente la aguja náutica?

A) La posición es indiferente. Lo realmente importante es su colocación.

B) En la mitad de la eslora.

C) Junto con los demás aparatos de navegación.

D) En el plano de crujía.

13.- ¿Cuál de las siguientes es una característica de las luces marítimas?.

A) Compensación.

B) Fase.

C) Propagación.

D) Desvío

14.- La descripción exhaustiva de un faro se encuentra recogida en...:
   A) Portulanos.
   B) Libros de radioseñales.
   C) Las cartas de navegación.
   D) Los libros de faros.

15.- Abatir es:
   A) Desplazarse a sotavento por la acción del viento.
   B) Desplazarse por la acción de la corriente.
   C) Desplazarse de la ruta por el mal gobierno del barco.
   D) Desviarse de la ruta por la corriente de expulsión de la hélice.

16.- La unidad náutica de velocidad es...
   A) El kilómetro/hora
   B) El nudo/hora.
   C) El nudo.
   D) El metro/segundo.

17.- ¿Cómo puede actualizarse el valor de la declinación magnética?
   A) Este valor no varía nunca.
   B) Buscando la declinación actual en un derrotero de la zona.
   C) Comprando una carta nueva y actualizándola.
   D) Sumando o restando a la declinación magnética del año en la carta, la variación anual reflejada en la carta multiplicada por los años transcurridos.

18.- Con el rumbo verdadero = 349° y una corrección total de -11°, ¿cuál será el rumbo de aguja?
   A) 002°
   B) N11°W.
   C) N
   D) 338°

19.- ¿Qué es la deriva?
   A) Una operación matemática.
   B) El desvío que sufre la embarcación por efecto del viento.
   C) El desvío que sufre la embarcación por efecto de la corriente.
   D) El desvío producido por el campo magnético.

20.- Una aguja magnética aislada, sin hierros alrededor, apunta al:
   A) Na (Norte de aguja).
   B) Nm (Norte magnético).
   C) Nv (Norte verdadero).
   D) Sm (Sur magnético)

21.- Se llama rumbo circular al que es:
   A) Contado desde el Norte hasta 360° en el sentido de las agujas del reloj.
   B) Cualquiera de las respuestas es correcta.
   C) Contado desde el sur hasta 180° en sentido contrario de las agujas del reloj
   D) Contado desde el Norte o Sur hacia el Este o hacia el Oeste.

22.- En un yate de fibra de vidrio, ¿cuál es la causa principal de los desvíos de la aguja?
   A) Instalación de aparatos eléctricos, y los elementos metálicos del yate.
   B) Burbujas en el mortero.
   C) Balances muy amplios.
   D) La propia fibra de vidrio.

23.- Si el desvío de la aguja es cero, el rumbo de aguja es igual:
   A) Que el rumbo verdadero
   B) Que el rumbo magnético
   C) Que el rumbo verdadero más la corrección total
   D) Que el rumbo magnético menos la declinación magnética

24.- La distancia verdadera se obtiene…:
   A) Multiplicando la distancia de corredera por su coeficiente.
   B) Sumando la distancia de corredera y su coeficiente.
   C) Dividiendo la distancia de corredera entre su coeficiente.
   D) Restando a la distancia de corredera su coeficiente.

25.- Los derroteros indican:
   A) El perfil de la costa y los faros.
   B) Los vientos y corrientes de una zona.
   C) Todas las respuestas son válidas.
   D) La profundidad y naturaleza del fondo.

26.- Nuestra embarcación navega a 12 nudos, significa que en dos horas habremos navegado:
   A) 12 millas.
   B) 48 millas
   C) 10 millas
   D) 24 millas.

27.- Una enfilación es
   A) El ángulo que nos abate el viento.
   B) El ángulo entre la línea de proa y la visual de un objeto.
   C) Una línea visual que une dos objetos fijos y característicos de la costa
   D) El ángulo entre el meridiano del lugar y la proa.

28 -¿A cuántos metros equivale una milla náutica?
   A) 1.872.
   B) 1.852.

C) 1.582.
D) 1.285.

29.- Un círculo máximo que une los polos norte y sur, será denominado...:
   A) Meridiano.
   B) Paralelo.
   C) Eje.
   D) Latitud.

30.- Las cartas generales son aquellas que muestran...:
   A) La vista general de un puerto.
   B) Un trozo de costa cercano a un puerto.
   C) Las costas que baña un mar u océano.
   D) Los aspectos generales del fondo marino.

31.- ¿Cuál de estas fórmulas es la incorrecta?
   A) Declinación magnética = Corrección total – desvío de la aguja.
   B) Demora de aguja = Demora verdadera – corrección total.
   C) Rv = Ra + Ct
   D) Desvío de la aguja = Rumbo verdadero – Rumbo de aguja.

32.- Tenemos una declinación magnética para el año 1985= 5° 00' NW, siendo la variación anual= 8' E. ¿Cuánto valdrá la declinación para el año 2000?
   A) 7° 00' NW.
   B) 7° 00' NE
   C) 3° 00' NE
   D) 3° 00' NW

33.- Conocido un rumbo de aguja de 053° y un desvío de aguja de 4° NW, ¿cuánto equivale el rumbo magnético?
   A) 048°.
   B) 049°.
   C) 057°.
   D) 045°.

34.- ¿Con cuál de los siguientes valores se puede establecer una línea de posición?
   A) Con un rumbo.
   B) Con una enfilación.
   C) Con el abatimiento.
   D) Todas las respuestas anteriores son igualmente válidas.

35.- Cuando la misma línea de posición une dos puntos, encontrándonos nosotros entre ambos, se denomina:
   A) Demora.
   B) Enfilación.
   C) Oposición.

D) Marcación.

36.- ¿Qué corrección debe aplicarse al rumbo de aguja para obtener el rumbo verdadero?
    A) La declinación magnética.
    B) La corrección total.
    C) La inclinación.
    D) El desvío.

37.- ¿A qué equivale un rumbo N 55° W cuadrantal, en circular?
    A) 305°.
    B) 255°.
    C) 235°.
    D) 215°.

38.- Atendiendo a la extensión de superficie que representan las cartas, estas se clasifican en:
    A) Cartas generales y específicas.
    B) Cartas de punto mayor y de punto menor.
    C) Cartas de navegación y de recalada.
    D) Cartas mayores y menores.

39.- Se produce abatimiento nulo cuando el viento:
    A) Entra por el costado de estribor.
    B) Entra por el costado de babor.
    C) Entra indistintamente por la proa o por la popa.
    D) Nunca es nulo.

40.- ¿Qué otro nombre recibe la referencia conocida como "Cero Hidrográfico"?
    A) Límite inferior.
    B) Suelo.
    C) Datum.
    D) Punto de inicio.

41.- La diferencia de altura en metros entre la pleamar y la bajamar más próxima recibe el nombre de:
    A) Nivel medio.
    B) Amplitud.
    C) Vaciante.
    D) Creciente

42.-Con presiones atmosféricas por debajo de 1013 milibares, las alturas de las mareas deberían ser, con respecto de las indicadas en el Anuario de Mareas:
    A) Superiores en la bajamar y en la pleamar.
    B) Inferiores en la bajamar solamente.
    C) Superiores en la pleamar solamente.
    D) Inferiores en la bajamar y en la pleamar.

SOLUCIONES A LAS PREGUNTAS DE TEST DE TEORÍA DE LA NAVEGACIÓN

1B	22A
2B	23B
3B	24A
4D	25C
5B	26D
6B	27C
7A	28B
8C	29A
9B	30C
10C	31D
11B	32D
12D	33B
13B	34B
14D	35C
15A	36B
16C	37A
17D	38B
18C	39C
19C	40C
20B	41B
21A	42A

PREGUNTAS DE TEST UNIDAD TEÓRICA 11 CARTA DE NAVEGACIÓN. NÚMERO DE PREGUNTAS DE EXAMEN 4.

1.- ¿Cuáles son las coordenadas de I. de Tarifa?
   A) l = 35° 00,1' N, L = 005° 36,6' W
   B) l = 36° 00,1' N, L = 005° 36,6' W
   C) l = 36° 03,1' N, L = 005° 38,6' W
   D) l = 36° 00,1' N, L = 005° 38,6' W

2.- ¿Cuáles son las coordenadas de Cabo Espartel?
   A) l = 36° 47,5' N, L = 005° 55,2' W
   B) l = 35° 47,5' N, L = 006° 55,2' W
   C) l = 35° 47,5' N, L = 005° 56,2' W
   D) l = 35° 47,5' N, L = 005° 55,2' W

3.- Hallar el rumbo a trazar en la carta para ir desde Punta Cires a Punta Carnero.
   A) Rv = 015°
   B) Rv = 019°
   C) Rv = 011°
   D) Rv = 007°

4.- Hallar el rumbo en la carta para ir desde Punta Almina a Cabo Negro.
   A) Rv = 358,5°
   B) Rv = 192,5°
   C) Rv = 178,5°
   D) Rv = 183,5°

5.- Hallar la distancia entre Punta Paloma y Faro de Isla de Tarifa.
   A) 3,7'
   B) 5,7'
   C) 6,2'
   D) 6,7'

6.- A qué hora llegaremos al Faro de Isla de Tarifa, si salimos de Punta Paloma al ser HRB 12:30 y navegamos a 6,7 nudos?
   A) A las 14.30
   B) A las 13.00
   C) A las 13:30
   D) A las 15:30

7.- Salimos del puerto de Barbate y nos dirigimos a Tánger (de Farola (Fl) a Farola (Fl)). Nuestro desvío al rumbo en que navegamos es -4° y dm = 7NW. ¿Cuál será el rumbo de aguja?

    A) 170

    B) 165

    C) 176

    D) 168

8.- Partimos de un situación l = 36° 10' N y L = 006° 00' W y queremos pasar a 3 millas del Faro de Punta de Gracia. ¿Cuál será el rumbo de aguja sabiendo que Ct = -6°?

    A) 133°

    B) 138°

    C) 144°

    D) 122°

9.- Fondeados en un lugar de coordenadas l = 35° 56,5' N, L = 005° 30,5 ' W, observamos que estamos en la oposición de Punta Carnero y Punta Alcázar, tomando Da de Pta Alcázar 210,5°. ¿Cuál será la corrección total?

    A) Ct = -4,5°

    B) Ct = 4° NE

    C) Ct = 8

    D) Ct = 5° NE

10.- ¿Cuál es la demora verdadera del Faro de Punta Carnero, si nos encontramos situados en la oposición de este y el Faro de Punta Europa?

    A) Dv = 244°

    B) Dv = 250°

    C) Dv = 63,5°

    D) Dv = 067°

11.- Salimos de Punta Carbonera al ser HRB = 10.00, y ponemos rumbo a pasar a tres millas de Punta Europa. ¿Cuál será nuestra posición después a HRB = 11:00?. La velocidad de nuestro yate es de 10 nudos

    A) l = 36° 05,8' N, L = 005° 17,2' W

    B) l = 36° 05,8' N, L = 005° 27,8' W

    C) l = 36° 04,8' N, L = 005° 19,8' W

    D) l = 36° 04,8' N, L = 005° 16,8' W

12.- Salimos de Punta Europa al ser HRB = 11:00, y ponemos rumbo a pasar a 2,6' millas de Punta Cires. Hallar la posición a HRB = 11:30. La velocidad de nuestro yate es de 10 nudos.

    A) l = 36° 05,8' N, L = 005° 22,2' W

    B) l = 36° 04,8' N, L = 005° 27,8' W

    C) l = 36° 02,8' N, L = 005° 24,6' W

    D) l = 36° 04,8' N, L = 005° 16,8' W

13.- Salimos de Cabo Roche, y queremos pasar a 4' millas de Cabo Trafalgar. Hallar la posición después de navegar 45 minutos. La velocidad de nuestro yate es de 10 nudos.

    A) l = 36° 10,2' N, L = 006° 09,2' W
    B) l = 36° 10,8' N, L = 006° 08,8' W
    C) l = 36° 10,8' N, L = 005° 19,8' W
    D) l = 36° 10,5' N, L = 006° 06,8' W

14.- Salimos del Faro de Isla de Tarifa y nos dirigimos a pasar a 4,6' al Norte verdadero de Punta Almina. Hallar la posición después de navegar 1 hora y media. La velocidad de nuestro yate es de 10 nudos.

    A) l = 35° 58,8' N, L = 005° 18,2' W
    B) l = 35° 58,8' N, L = 005° 27,8' W
    C) l = 35° 59,8' N, L = 005° 19,8' W
    D) l = 35° 56,8' N, L = 005° 16,8' W

15.- Hallar el rumbo a poner en el compás del barco para ir desde Punta Cires a Punta Carnero. Siendo la dm = 2° NW y desvío = 3° W

    A) Ra = 25°
    B) Ra = 15°
    C) Ra = 20°
    D) Ra = 23°

16.- Estando en la oposición de Punta Europa- Punta Almina, tomamos Demora verdadera de Punta Carnero = 285°. ¿Cuál es nuestra situación?

    A) l = 36° 05,8' N, L = 005° 22,2' W
    B) l = 36° 04,8' N, L = 005° 27,8' W
    C) l = 36° 03,4' N, L = 005° 19,7' W
    D) l = 36° 04,8' N, L = 005° 16,8' W

17.- Navegando por el Estrecho , tomamos Demora de aguja de Isla Tarifa = 270° y Demora de aguja de Punta Carnero = 35°. ¿Cuál es nuestra situación, sabiendo que la Ct = -2°?

    A) l = 36° 00,8' N, L = 005° 22,2' W
    B) l = 36° 04,8' N, L = 005° 27,8' W
    C) l = 36° 00,4' N, L = 005° 28,9' W
    D) l = 36° 04,8' N, L = 005° 16,8' W

18.- Estamos en la oposición de Cabo Espartel- Punta de Gracia y en la enfilación de Cabo Roche y Cabo Trafalgar. ¿Cuál es nuestra situación?

    A) l = 35° 58,8' N, L = 005° 18,2' W
    B) l = 35° 59,2' N, L = 005° 50,7' W
    C) l = 35° 59,9' N, L = 005° 49,8' W
    D) l = 35° 56,8' N, L = 005° 16,8' W

19.- Navegamos al Ra = 294° con dm = 4,5° NW y desvío = 1,5° E. Al ser HRB 09 00 se tomaron simultáneamente: marcación faro Pta. Gracia = 25° Er y marcación faro Pta. Paloma = 120° Er. Hallar la situación.

   A) l = 36° 02,6' N, L = 005° 22,2' W
   B) l = 36° 02,6' N, L = 005° 45,2' W
   C) l = 36° 00,4' N, L = 005° 28,9' W
   D) l = 36° 04,8' N, L = 005° 16,8' W

20.- Al ser HRB = 18 10 estando en la oposición de Cabo Trafalgar y Cabo Espartel se tomaron simultáneamente Da de Cabo Espartel = 175° y Da Isla de Tarifa = 085°. Hallar la situación.

   A) l = 35° 59,8' N, L = 005° 18,2' W
   B) l = 35° 59,2' N, L = 005° 50,7' W
   C) l = 35° 56,0' N, L = 005° 49,8' W
   D) l = 35° 56,0' N, L = 005° 57,8' W

21.- Al ser HRB = 14 15 encontrándonos en la enfilación de los faros Roche y Trafalgar, se obtiene Da de la enfilación 335°. Calcular la Ct.

   A) -12°
   B) 5° E
   C) 5° W
   D) 12°

22.- Calcular para el año 2015 la corrección total (Ct) de una aguja náutica en el rumbo de aguja 270°, siendo el desvío de la aguja en este rumbo -0,5°. Obtener los datos necesarios de la carta de Enseñanza del Estrecho de Gibraltar. Datos de la carta: dm = 2° 50' W 2005 (7'E)

   A) Ct =-1°.
   B) Ct = -2°.
   C) Ct = -3,5°.
   D) Ct = -4,5°

23.- Navegando una embarcación al rumbo de aguja = 188°, con una declinación magnética = -1,5° y un desvío de aguja= -0,5°, se toman dos marcaciones simultáneas:

 Marcación por estribor de Punta Leona = 049° y Marcación por babor del faro de Punta Almina = 018°. Obtener la situación verdadera en dicho instante.

   A) l = 35° 57,9' N, L = 005° 18,0' W
   B) l = 35° 57,9' N, L = 005° 17,0' W
   C) l = 35° 58,9' N, L = 005° 17,8' W
   D) l = 35° 58,9' N, L = 005° 17,0' W

24.-Hallar la situación de un barco que al ser HRB 19 30 se encuentra a 5 millas del Faro de Espartel y a 6 millas de Punta Malabata.

      A) l = 35° 51,5' N, L = 005° 51,5' W

      B) l = 35° 51,8' N, L = 005° 27,8' W

      C) l = 35° 51,5' N, L = 005° 53,8' W

      D) l = 35° 51,9' N, L = 005° 54,8' W.

25.- Hallar la situación si al ser HRB 10 10 se tomaron demora de aguja de Punta Almina 115° y demora de aguja de Punta Cires 217°. La declinación magnética es de 4°E y el desvío de la aguja 3°W.

      A) l = 35° 57,8' N, L = 005° 25,7' W

      B) l = 35° 57,9' N, L = 005° 17,0' W

      C) l = 35° 57,9' N, L = 005° 16,8' W

      D) l = 35° 58,9' N, L = 005° 17,0' W

26.- Hallar la sonda en el momento de la primera pleamar el día 16 de Abril de 2017 en Cádiz con una presión atmosférica prevista de 1023 mb y una sonda en la carta de 7,8 metros.

Datos del día de la tabla de mareas

Hora y altura 04:25… 0,97 m, 09:55…0,19 m, 16:38…0,92 m, 22:07…0,21m.

Corrección por presión atmosférica del anuario de mareas = -0,10 m

A) 8,12 metros

B) 8,37 metros

C) 8,57 metros

D) 8,67metros

Nota: las horas del Anuario están expresadas UTC (Tiempo Universal Coordinado). Para obtener horas oficiales súmese el adelanto vigente.

Horario de invierno (en 2019 desde el último domingo de Octubre) para hora oficial súmese una hora UTC+1. Horario de verano: para hora oficial súmese dos horas (en 2019 desde el último domingo de Marzo) UTC+2.

Excepto en Islas Canarias (el horario de invierno es UTC, y el horario de verano UTC+1)

Si el problema no dice nada sobre las horas se entiende que son UTC por lo que no se sumará nada.

SOLUCIONES A LAS PREGUNTAS DE TEST DE CARTA DE NAVEGACIÓN

1B
2D
3A
4C
5D
6C
7C
8B
9A
10A
11D
12C
13D
14A
15C
16C
17C
18B
19B
20D
21A
22B
23C
24A
25A
26D

TEST DE EXAMEN 1 COMPLETO PLAN 2014. SOLUCIONES A CONTINUACIÓN. 45 PREGUNTAS EN TOTAL Y SON NECESARIAS 32 RESPUESTAS CORRECTAS. EL EXAMEN DE PNB CONSISTE EN LAS 27 PRIMERAS PREGUNTAS DEL TEST.

NOMENCLATURA NÁUTICA

1. -Las amuras son

A) El costado de babor o estribor a la altura de la cubierta

B) La zona del casco más próxima a la popa

C) La zona de la cubierta más expuesta a la intemperie

D) La zona de los costados entre el través y la proa

2.- La bocina del eje de la hélice penetra en el casco por una parte denominada

A) Roda

B) Roldana

C) Bita

D) Codaste

3.-La hélice que consigue el avance del barco girando hacia la izquierda se llama

A) Hélice de carrera

B) Hélice levógira

C) Hélice dextrógira

D) Hélice de palas abatibles

4.-En la obra viva se encontrarán:

A) Los imbornales.

B) Las bitas.

C) Las sentinas.

D) La bañera.

ELEMENTOS DE AMARRE Y FONDEO

5.- En la faena con cabos, ¿qué significa el término cobrar?

A) Aflojar un poco un cabo que estaba tenso.

B) Dejar libre totalmente el cabo.

C) Tirar de un cabo para recoger el seno o para tensarlo.

D) Tirar el cabo al agua.

6.- ¿Que significa el término garreo?
    A) Acción de desatracar el buque.
    B) El ancla no está firme y se desliza sobre el fondo.
    C) Maniobra de entrada en puerto.
    D) Maniobra de salida de puerto.

SEGURIDAD EN LA MAR

7.- Las maniobras más habituales de rescate en barcos grandes, cuando se ve al náufrago son:
    A) Curva de evolución de Peterson y Maniobra Boutakov
    B) Curva de evolución de Peterson y Maniobra Korbachov
    C) Curva de evolución de Anderson y Maniobra Boutakov
    D) Curva de evolución de Peterson y Maniobra Korbakov

8.- La longitud del cabo de remolque será tal que si hay oleaje:
    A) Remolcador y remolcado coincidan en los senos o en las crestas de las olas.
    B) No se aborden si hay viento
    C) No se aborden si hay corriente.
    D) Uno de ellos navegue en cresta y otro en seno de las olas.

9.- Las señales fumígenas flotantes de socorro se utilizan:
    A) En caso de hombre al agua.
    B) En caso de una avería.
    C) Para pedir ayuda a barcos en las proximidades.
    D) Todo lo anterior es cierto.

10.- ¿De qué depende el número de extintores que debemos llevar a bordo?
    A) Solo del tipo de embarcación que tengamos.
    B) De la eslora de la embarcación, del número de motores y de la potencia de los mismos.
    C) Solo de la eslora.
    D) Del tipo de combustible que utilicemos.

LEGISLACIÓN

11.-La descarga de basuras permitida en zona portuaria:
    A) No se permite ninguna descarga ni siquiera con tratamiento.
    B) Se permite con tratamiento.
    C) Se permite desmenuzada y desinfectada.
    D) Se permite en cualquier condición.

12.-En caso de presencia de buzos, las embarcaciones deberán darles un resguardo de:
    A) 10m
    B) 15m
    C) 20m
    D) 25m

BALIZAMIENTO

13.- El sentido convencional del balizamiento es:

A) El establecido por la Autoridad competente.

B) El sentido general que sigue el navegante que procede de un puerto y se dirige hacia alta mar.

C) El sentido general que sigue el navegante que procede de alta mar cuando se aproxima a un puerto.

D) En un sentido variable y dependerá de las condiciones del mar.

14.- El color de la luz y el ritmo de una marca de peligro aislado si está dotada de ella será:

A) Blanca, grupos de dos destellos.

B) Blanca, grupos de tres destellos.

C) Roja, grupos de dos destellos.

D) Roja, grupos de tres destellos.

15.- La marca de tope de la marca cardinal W, es:

A) Dos bolas negras.

B) Dos conos negros unidos por sus vértices.

C) Dos conos negros unidos por su base.

D) Dos bolas rojas.

16.- El ritmo emitido por las luces de las marcas laterales de babor, será:

A) Grupos de dos destellos.

B) Grupos de 2+1 destellos.

C) Grupos de tres más un destello.

D) Cualquiera que no pueda confundirse con las marcas de bifurcación.

17.- Una forma de diferenciar de día las marcas cardinales entre sí, es por:

A) La forma.

B) La situación.

C) La disposición de los colores.

D) El sonido emitido.

REGLAMENTO DE ABORDAJES

18.- ¿Qué tipo de embarcaciones están autorizadas a navegar por la zona de navegación costera adyacente a la vía de separación de tráfico?

A) Las que tengan autorización para ello.

B) Los buques de eslora inferior a 20 metros, los buques de vela y los pesqueros.

C) Sólo los pesqueros.

D) Sólo los veleros.

19.- Un buque restringido por su calado debe apartarse de la derrota de...:

A) Un buque sin gobierno.

B) Un buque de vela en navegación.

C) Un buque dedicado a la pesca.

D) Todas las respuestas anteriores son correctas.

20.- Si divisamos una embarcación con la bandera A (blanca y azul) se trata de:
    A) Un buque de la armada.
    B) Un buque transportando mercancías peligrosas.
    C) Un buque realizando operaciones de buceo.
    D) Un buque dragaminas en operaciones.

21.- ¿Cuántas luces de tope deberá llevar un buque de 40 metros de eslora que remolque a otro, si la longitud de remolque es superior a 200 metros?
    A) Una.
    B) Dos.
    C) Tres.
    D) Cuatro.

22.- Conforme al Reglamento, ¿cuál de las siguientes señales NO está clasificada como de peligro y necesidad de ayuda?.
    A) Una bola negra sobre una vela triangular.
    B) Señal acústica o luminosa formada por tres puntos, tres rayas y tres puntos (...---...)
    C) La señal NC del código internacional de señales.
    D) Llamaradas a bordo.

23.- ¿Qué luces exhibirá un buque de vela en navegación?
    A) Una luz todo horizonte y las de costado.
    B) Una luz de alcance y las de costado.
    C) Una luz de tope y las dos de costado.
    D) Una luz de tope, una de alcance y las de costado.

24.- Navegando cerrados en niebla oímos una pitada larga seguida de dos cortas, se trata de...
    A) Un buque de vela.
    B) Una embarcación de práctico con arrancada.
    C) Un buque sin gobierno.
    D) a y c son correctas.

25.- Una luz amarilla centelleante corresponde a un buque:
    A) Un aerodeslizador que opera sin desplazamiento
    B) Es una señal para pedir socorro.
    C) No corresponde a ningún navío del reglamento
    D) Un buque portaaviones.

26.- ¿En cuál de los siguientes supuestos se considera que existe riesgo de abordaje?
    A) Cuando exista alguna duda al respecto.
    B) Cuando al llamar al otro barco por el VHF no contesta.

C) Cuando haya cerca un buque sin gobierno o con capacidad de maniobra restringida.

D) Si la demora de un buque que se aproxima no varía de forma apreciable.

27.- ¿Qué marca debe mostrar un buque varado?

A) Tres bolas negras en línea vertical.

B) Un cilindro negro.

C) Dos conos unidos por el vértice.

D) Un cono con el vértice hacia arriba.

MANIOBRA Y NAVEGACIÓN

28.- Cuando se está atracado con viento paralelo al muelle por la proa, los cabos que más trabajan son…:

A) El través de proa y la codera de popa.

B) El largo de proa y el esprín de popa.

C) El largo de proa y el esprín de proa.

D) El través de popa y el esprín de proa.

29.- En un barco con hélice dextrógira o de paso a la derecha vamos a atracar babor al muelle. Al dar atrás para parar la arrancada:

A) La proa caerá a Er.

B) La popa caerá a Er.

C) La popa caerá a Br.

D) A y c son correctas.

EMERGENCIAS EN LA MAR

30.- ¿Las quemaduras de que grado requieren que el quemado sea evacuado a un hospital por el riesgo de muerte?

A) Las de primer grado producidas por el sol.

B) Las de tercer grado producidas por contacto con llamas o líquidos hirviendo.

C) Las quemaduras de segundo grado, que producen ampollas.

D) Ninguna de las anteriores.

31.- Tras un abordaje la primera medida a tomar será.

A) Dar máquina atrás los dos barcos.

B) Pedir socorro por radio.

C) Abandonar la embarcación.

D) Reconocer las averías y los daños en el casco.

32.-¿Cómo se apagará un incendio de la clase "A"?.

A) Por enfriamiento, aplicando un chorro de agua o polvo seco.

B) Por sofocación, con polvo seco, espuma o halón.

C) Por sofocación con polvo seco o halón.

D) Con CO_2, halón o polvo seco.

METEOROLOGÍA

33.- La escala de Beaufort, se utiliza para saber:
- A) La altura de las olas.
- B) La intensidad del viento.
- C) La tensión del vapor.
- D) La temperatura.

34.- El tiempo durante el cual sopla un viento de dirección e intensidad constante se denomina
- A) Persistencia
- B) Fetch
- C) Intensidad
- D) Frente

35.-La circulación formada por el viento en una baja y en sentido contrario a las agujas del reloj (en el hemisferio norte) se denomina
- A) Anticiclónica
- B) Ciclónica
- C) Antirotatoria
- D) Rotatoria

36.-Una zona de altas presiones corresponde a presiones superiores a
- A) 1010 mbs
- B) 760 mm de mercurio
- C) 740 mm de mercurio
- A) 1000 mbs

TEORÍA DE NAVEGACIÓN

37.- ¿Cómo se denomina el efecto producido por el viento sobre el rumbo de una embarcación?
- A) Variación.
- B) Abatimiento.
- C) Deriva.
- D) Inclinación.

38.- Si el Norte de la aguja está a la derecha del Norte magnético el desvío se dice que es?:
- A) Negativo.
- B) Positivo.
- C) NW.
- D) Cero.

39.- ¿En cuántas cuartas se divide la rosa de los vientos?
- A) En 36.
- B) En 32.
- C) En 48.
- D) En 18.

40.- ¿Qué dato proporciona el ángulo formado entre la visual a un objeto y el meridiano?.

A) Demora.
B) Marcación.
C) Enfilación.
D) Abatimiento.

41.- ¿Cuándo coincide el rumbo efectivo con el rumbo verdadero?

A) Cuando el rumbo de la corriente coincida con el rumbo verdadero.
B) Cuando el rumbo efectivo y el rumbo de la corriente difieren en 90°.
C) Cuando el rumbo verdadero y el rumbo de la corriente difieran en 90°.
D) No se produce esta circunstancia.

CARTA DE NAVEGACIÓN

42.- Estamos situados en Dv del Faro de Isla de Tarifa = 291° y Dv del Faro de Punta Cires = 210°. ¿Cuál es la distancia a Punta Almina?

A) 9'.
B) 7'.
C) 10'.
D) 8,5'.

43.- Situados a 5 millas al NW/v (Noroeste verdadero) del Fº Espartel, ponemos Ra = 284° a 12 nudos de velocidad. desvío = -1°, dm = -3°. Se pide la situación media hora más tarde.

A) l = 35° 53,2' N y L = 006° 14,2' W.
B) l = 35° 52,2' N y L = 006° 07,1' W.
C) l = 35° 52,5' N y L = 005° 07,8' W.
D) l = 35° 52,8' N y L = 006° 08,4' W.

44.- Encontrándonos en Dv = 000° del Faro de C.Trafalgar y simultáneamente demora verdadera 90° del Faro de Punta Gracia. ¿ Qué rumbo debemos poner para pasar a tres millas del Faro de Pta Paloma?.

A) 099°.
B) S55E
C) 107°
D) S74W.

45.- Siendo HRB 10:30 nos encontramos en el Puerto de Barbate, y ponemos rumbo verdadero al Sur. No estamos afectados ni por viento ni por corriente. Si la velocidad de nuestro yate es de 6 nudos, ¿a qué hora llegaremos a un lugar situado a 12 millas del puerto de Barbate y cuál será el rumbo de aguja si Ct = +2° ?

A) A las 12:30 y Ra = 182°
B) A las 12:30 y Ra = 178°
C) A las 11:30 y Ra = 182°
D) A las 11:30 y Ra = 178°

TEST DE EXAMEN 1 COMPLETO. SOLUCIONES

1D	
2D	24D
3B	25A
4C	26D
5C	27A
6B	28B
7C	29D
8A	30B
9D	31D
10B	32A
11A	33A
12D	34A
13C	35B
14A	36B
15B	37B
16D	38B
17C	39B
18B	40A
19A	41A
20C	42A
21C	43B
22A	44C
23B	45B

TEST DE EXAMEN 2 COMPLETO PLAN 2014. SOLUCIONES A CONTINUACIÓN. 45 PREGUNTAS EN TOTAL Y SON NECESARIAS 32 RESPUESTAS CORRECTAS. EL EXAMEN DE PNB CONSISTE EN LAS 27 PRIMERAS PREGUNTAS DEL TEST.

NOMENCLATURA NÁUTICA

1.- Forman parte del equipo de fondeo de una embarcación:
A) Molinete, ancla y garreo.
B) Molinete, rezón y garreo.
C) Molinete, ancla y línea de fondeo.
D) Molinete, ancla y mecha.

2.- Los refuerzos transversales que van de babor a estribor, y cuya principal función es sostener la cubierta se llaman:
A) Cuadernas.
B) Baos.
C) Mamparos.
D) Quillas

3.- El asiento es:
A) Es positivo si el calado de proa es menor que el de popa.
B) Es positivo si el calado de proa es mayor que el de popa.
C) Se define como la media entre los calados de popa y proa.
D) Se define como la diferencia entre los calados de popa y proa, es decir la inclinación en sentido transversal.

4.- El timón:
A) Es movido por un eje denominado limera.
B) Cuando gobernamos con rueda, si la hacemos girar a estribor, la proa caerá a babor.
C) Cuando gobernamos con rueda, si la hacemos girar a babor, la proa caerá a estribor.
D) Cuando gobernamos con rueda, la transmisión del movimiento a la pala se hace por medio de los guardines.

ELEMENTOS DE AMARRE Y FONDEO.

5.- ¿Qué es el chicote?
A) El extremo del cabo que queda libre.
B) El extremo del cabo que va unido a la estructura de la embarcación.
C) Parte del cabo intermedio existente entre los dos extremos.
D) Es el lazo en el que, con frecuencia termina un cabo.

6.- ¿Cómo se llama la rueda de madera o metal sobre la que gira el cabo en las poleas?

    A) Cuadernal.
    B) Boza.
    C) Roldana.
    D) Rezón.

SEGURIDAD.

7.- Los movimientos de pesos dentro de la embarcación.

    A) Pueden hacer peligrar su estabilidad al producir escora o un cambio de asiento.
    B) No afectan a su estabilidad pues para eso se estudia su estabilidad transversal.
    C) No afectan a la estabilidad siempre y cuando se realicen en sentido vertical.
    D) No afectan a la estabilidad siempre y cuando se realicen en sentido horizontal.

8.- Capear el temporal es:

    A) Recibir la mar por el través.
    B) Recibir la mar por la popa.
    C) Recibir la mar por una amura y a poca velocidad
    D) Recibir la mar por una aleta.

9.- ¿Cuál es la propiedad que tiene una embarcación de recuperar su posición inicial cuando por culpa de una ola o del viento esta se escora?:

    A) Estabilidad.
    B) Estanqueidad.
    C) Flotabilidad.
    D) Escorabilidad.

10.- Son maniobras de búsqueda cuando no se ve al náufrago:

    A) Exploración por triángulos o por cuadrados
    B) Maniobra Anderson y maniobra Kourling
    C) Maniobra de búsqueda por radar.
    D) Exploración por sectores y exploración en espiral cuadrada

LEGISLACIÓN.

11.- En las zonas de baño debidamente balizadas:

    A) Está prohibida la navegación.
    B) Se podrá navegar siempre que se adopten las precauciones necesarias para evitar riesgos a la seguridad a la vida humana en la mar.
    C) Se podrá navegar a una velocidad inferior a tres nudos.
    D) Sólo está permitida la navegación a vela.

12.- En las rías, bahías y similares, se permite la descarga de aguas sucias:

A) Con tratamiento, y que además el afluente no produzca sólidos flotantes visibles ni ocasione decoloración.
B) Desmenuzada y desinfectada, cuando la velocidad de la embarcación sea superior a 4 nudos.
C) Siempre que la velocidad de la embarcación sea superior a 4 nudos.
D) No se permite ninguna descarga ni siquiera con tratamiento.

BALIZAMIENTO.

13.- El ritmo de la marca de aguas navegables (cuando la tiene) es:

A) Grupos de (2+1) destellos
B) Luz roja 1 segundo y luz blanca 1 segundo, con 0,5 segundos de ocultación entre ambas.
C) Luz azul 1 segundo y luz amarilla 1 segundo, con 0,5 segundos de ocultación entre ambas.
D) Isofase, de ocultaciones, un destello largo cada 10 segundos o la señal morse "A".

14.- La forma de las marcas de peligro aislado es.

A) A elegir por la Autoridad competente, pero sin que pueda prestarse a confusión con las marcas laterales; son preferibles las formas de castillete o espeque.
B) Solamente cilíndrica, de castillete o espeque.
C) Solamente cónica, de castillete o espeque.
D) Solamente esférica, de castillete o espeque.

15.- El sentido general del Balizamiento es:

A) El sentido general que sigue el navegante que procede de alta mar, cuando se aproxima a un puerto, río, o vía navegable o el determinado por las Autoridades competentes, previa consulta con los países vecinos.
B) De día el sentido general que sigue el navegante que procede de alta mar, cuando se aproxima a un puerto, río, o vía navegable o el determinado por las Autoridades y de noche el opuesto.
C) De noche el sentido general que sigue el navegante que procede de alta mar, cuando se aproxima a un puerto, río, o vía navegable o el determinado por las Autoridades y de día el opuesto.
D) El sentido general que sigue el navegante que procede de alta mar, cuando se aproxima a un puerto, río, o vía navegable sin que las Autoridades puedan modificarlo en ningún caso.

16.- En la región A las marcas laterales de babor deben tener forma de:

A) Cónica, de castillete o de espeque.
B) Cilíndrica, de castillete o de espeque.
C) Hiperbólica, de castillete o de espeque.
D) Esférica, de castillete o de espeque.

17.- En la región A el color de la luz (cuando la tiene) de una marca de canal principal a estribor es.

A) Verde.

B) Rojo.

C) Blanco.

D) Amarillo.

REGLAMENTO (RIPA)

18.- Respecto del alcance de una embarcación a otra el RIPA nos indica que:

A) Toda embarcación que alcance a otra se mantendrá lo más cerca posible de la derrota de la embarcación alcanzada.

B) Una embarcación alcanza a otra si se aproxima desde una marcación mayor de 22,5° a popa del través de esta última.

C) Una embarcación alcanza a otra si se encuentra en una posición tal, respecto de la embarcación alcanzada, que de noche sólo le sea posible ver la luz de alcance de dicha embarcación y una luz de costado.

D) Cuando una embarcación abrigue dudas de si está alcanzando o no a otra, considerará que no lo está haciendo.

19.- La luz de alcance es:

A) Una luz blanca colocada lo más cerca posible de la popa, visible en un arco de 56,5° contados a partir de la popa hacia cada una de las bandas del buque.

B) Una luz blanca colocada lo más cerca posible de la popa, visible en un arco de 67,5° contados a partir de la popa hacia cada una de las bandas del buque.

C) Una luz blanca colocada lo más cerca posible de la popa, visible en un arco de 75,5° contados a partir de la popa hacia cada una de las bandas del buque.

D) Una luz blanca colocada lo más cerca posible de la popa, visible en un arco de 90° contados a partir de la popa hacia cada una de las bandas del buque.

20.-¿Qué duración tiene una pitada larga?

A) De tres a cinco segundos.

B) De dos a cuatro segundos.

C) De cinco a siete segundos.

D) De cuatro a seis segundos.

21.- Respecto al ámbito de aplicación de RIPA, ¿cuál de estas opciones es cierta?

A) El reglamento no afecta a las aguas interiores que tengan comunicación con el mar.

B) El reglamento afecta a las aguas interiores que tengan comunicación con el mar.

C) El reglamento impide la aplicación de reglas especiales por los gobiernos de cualquier Estado en cuanto a luces de situación para buques dedicados a la pesca en flotilla

D) La Organización no podrá adoptar dispositivos de separación de tráfico a los efectos de este reglamento.

22.- Un buque sin gobierno y sin arrancada exhibirá de noche:
A) Tres luces rojas todo horizonte en línea vertical en el lugar más visible.
B) Dos luces blancas y una roja todo horizonte en línea vertical en el lugar más visible.
C) Dos luces rojas y una blanca todo horizonte en línea vertical en el lugar más visible.
D) Dos luces rojas todo horizonte en línea vertical en el lugar más visible.

23.- ¿Qué factor no es obligatorio tener en cuenta siempre para determinar la velocidad de seguridad?
A) Las posibles concentraciones de buques de pesca.
B) El estado del viento.
C) El calado.
D) El puntal.

24.- La definición de barlovento, de acuerdo al RIPA, para embarcaciones de vela es la siguiente:
A) Se considerará banda de barlovento la que lleve cazada la vela mayor, o en el caso de las embarcaciones de aparejo cruzado, la banda contraria a la que se lleve cazada la vela mayor de las velas de cuchillo.
B) Se considerará banda de barlovento la contraria a la que lleve cazada la vela mayor, o en el caso de las embarcaciones de aparejo cruzado, la banda contraria a la que se lleve cazada la vela mayor de las velas de cuchillo.
C) Se considerará banda de barlovento la que lleve cazada la vela mayor, o en el caso de las embarcaciones de aparejo cruzado, la banda a la que se lleve cazada la vela mayor de las velas de cuchillo.
D) Se considerará banda de barlovento la contraria a la que lleve cazada la vela mayor, o en el caso de las embarcaciones de aparejo cruzado, la banda a la que se lleve cazada la vela mayor de las velas de cuchillo.

25.- La regla 5 obliga a mantener:
A) Vigilancia eficaz sólo auditiva.
B) Vigilancia eficaz solo visual.
C) Vigilancia eficaz visual y auditiva.
D) No obliga a mantener ninguna vigilancia.

26.- Además de las luces prescritas en la Regla 23 para los buques de propulsión mecánica, todo buque restringido por su calado podrá exhibir en el lugar más visible:
A) Dos luces rojas y una blanca todo horizonte en línea vertical.
B) Tres luces rojas todo horizonte en línea vertical o un cilindro.
C) Dos luces rojas todo horizonte en línea vertical o dos cilindros.
D) Dos luces blancas y una roja todo horizonte en línea vertical.

27.- ¿Cuándo se utilizarán exclusivamente las señales prescritas en el anexo IV del RIPA?

A) Cuando un buque esté en peligro y requiera ayuda.

B) Cuando varios buques de pesca se encuentren muy cerca unos de otros.

C) Cuando un buque presente algún tipo de limitación en su maniobra.

D) Cuando un buque se encuentre en zona de visibilidad reducida.

MANIOBRA Y NAVEGACIÓN.

28.- ¿Cómo se llama el cabo de popa que debemos utilizar para que una embarcación que está atracada de costado al muelle no se desplace hacia popa?

A) Largo.

B) Través.

C) Codera.

D)Esprín.

29.- Una embarcación dispone de una hélice dextrógira en marcha avante. ¿Hacia que banda caerá la popa si damos atrás en una maniobra con el timón a la vía?

A) A babor.

B) A estribor.

C) El giro de la hélice no produce ningún efecto.

D) Al tener el timón a la vía no cae a ninguna banda.

EMERGENCIAS EN LA MAR.

30.- Cuando se ha tomado la decisión de abandono de buque, se hará una LLSD (llamada selectiva digital) en el:

A) Canal 07

B) Canal 16.

C) Canal 70.

D)Canal 77.

31.- Ante un accidente a bordo, ¿a quién debe solicitar ayuda por radio?

A) Al Centro Radiomédico español (CRME)

B) Al Servicio Médico Español (SME)

C) Al Centro Médico Español (CME)

D) Al Servicio Médico-Radio Español (SMRE).

32.- Los pasos básicos en la lucha contra incendios son:

A) Localización, sofocación y extinción.

B) Enfriamiento, sofocación y eliminación de combustible.

C) Localización, enfriamiento y extinción.

D)Localización, aislamiento, extinción, inhibición de la reacción en cadena.

METEOROLOGÍA.

33.- En el Hemisferio Norte, ¿en qué sentido gira el aire e una borrasca?
A) En el sentido de las agujas del reloj.
B) De abajo hacia arriba.
C) En el sentido contrario a las agujas del reloj.
D) Del centro hacia los laterales.

34.- La escala Douglas es:
A) Una tabla que relaciona grado o cifra, con la altura de las olas
B) Una tabla que resume las nociones básicas sobre el viento para navegar.
C) Una tabla que resume las nociones básicas sobre las olas para navegar.
D)Una tabla que resume las nociones básicas sobre las nubes para navegar.

35.- En una borrasca, los valores más bajos de la presión se dan en:
A) En el Norte de la borrasca
B) En el centro de la borrasca.
C) En los extremos de la borrasca.
D) En el Sur de la borrasca.

36.- Refrescar el viento es:
A) Cesar el viento.
B) Disminuir la intensidad.
C) Aumentar la intensidad.
D) Reducir la intensidad y fuerza.

TEORÍA DE LA NAVEGACIÓN

37.- La línea que contiene una serie de puntos de igual sonda se denomina:
A) Isóbara.
B) Isalóbara.
C) Isóbata.
D) Isohipsa.

38.- El rumbo verdadero:
A) Está referido al meridiano geográfico.
B) Es el observado en el compás de a bordo.
C) Únicamente se mide desde el polo próximo.
D) Menos la declinación magnética es igual al desvío.

39.- En una carta mercatoriana la zona destacada por su importancia, representada a mayor escala y dentro de un recuadro, recibe el nombre de:
A) Detalle
B) Portulano.
C) Cartucho.
D) Apriche.

40.- Para obtener la velocidad verdadera debemos tomar la lectura de la velocidad de la corredera y el coeficiente de esta para:
   A) Sumarlos.
   B) Restarlos
   C) Multiplicarlos.
   D) Dividirlos.

41.- En relación con las cartas Mercator:
   A) Que en ellas, la palabra situación equivale a latitud y la palabra posición equivale a longitud.
   B) Que las cartas generales o representativas de grandes extensiones se denominan cartas de punto mayor.
   C) Que las cartas para la navegación publicadas por el Instuto Hidrográfico de la Marina tienen carácter no oficial.
   D) Que representan proyecciones de partes de la esfera terrestre en superficies planas.

CARTA DE NAVEGACIÓN

42.- Navegando con un rumbo verdadero de 095°, tomamos simultáneamente una marcación de 077° por babor del Faro de Cabo Roche y una marcación de 023° por babor de Cabo Trafalgar. Calcular la situación verdadera en la que nos encontramos.
   A) l = 36° 09' 12" N, L = 006° 12' 24"
   B) l = 36° 08' 48" N, L = 006° 11' 12"
   C) l = 36° 08' 24" N, L = 006° 12' 00"
   D) l = 36° 09' 00" N, L = 006° 10' 48"

43.- A partir de los datos mostrados en la carta (2° 50'W 2005 (7'E)) y sabiendo que el desvío de la aguja es de 4° E, calcular la corrección total para el año 2019.
   A) -1,6°.
   B) +3°
   C) +1,8°
   D) -2°.

44.- Calcular el rumbo de aguja desde la situación de demora verdadera 283° y distancia 3,2 millas al faro de Punta Carnero hasta la situación de la luz roja del puerto de Algeciras, siendo la corrección total =-2°.
   A) Ra = 325°.
   B) Ra =331°.
   C) Ra = 327°.
   D) Ra = 329°.

45.- A la hora de reloj de bitácora HRB = 9:14 horas y situados en un lugar al 302°/v del faro de Cabo Espartel y a 3,2 millas de distancia, navegamos con una velocidad de 5 nudos para situarnos al N/v de Punta Cires y a 2,8 millas. Determinar la hora estimada de llegada.
   A) 13:54
   B) 14:50

C) 14:26
D) 15:32

TEST DE EXAMEN 2 COMPLETO PLAN 2014. SOLUCIONES

1C	26B
2B	27A
3A	28D
4D	29A
5A	30C
6C	31A
7A	32D
8C	33C
9A	34A
10D	35B
11A	36C
12D	37C
13D	38A
14A	39C
15A	40C
16B	41D
17B	42C
18B	43B
19B	44D
20D	45C
21B	
22D	
23D	
24B	
25C	

Explicaciones concisas sobre la resolución de algunas preguntas de test de examen de la Unidad teórica 11 Carta de navegación (de la página 80 y siguientes)

Pregunta 6 examen explicación

Medimos la distancia del Faro a La Punta (sobre la escala de las Latitudes), será la distancia navegada = velocidad del barco x tiempo navegado. Luego el tiempo navegado en horas = distancia navegada/velocidad del barco. El tiempo navegado (en horas y minutos) se debe sumar a la hora de partida para obtener la hora de llegada al Faro.

6,6' = 6,7 n x tn, tn = 1 h, hora de llegada a las 13.30 aproximadamente.

Nota: la hora de llegada hay que darla en horas y minutos, si tn fuera por ejemplo 1,2 h hay que expresarlo así: 0,2 h = 12 minutos, y el tn = 1 h 12 min

Pregunta 7 examen explicación

Unimos el punto de salida con el de llegada y medimos con el transportador el rumbo verdadero. La corrección total es de -11° según el enunciado, y el rumbo de aguja es igual al rumbo verdadero menos la corrección total, que al ser esta negativa da como resultado el rumbo verdadero más 11°.

$$Ra = Rv - Ct = 165° - (-11°) = 176°$$

Pregunta 8 explicación

Trazamos y medimos con el transportador el rumbo desde el punto de partida sobre la trayectoria que pasa a 3 millas de Punta de Gracia (tangente a la circunferencia de radio 3' trazada con centro en esta Punta). Este será el rumbo verdadero, como nos piden el de aguja será el verdadero menos la corrección total.

$$Ra = Rv - Ct = 133° - (-6°) = 139°$$

Pregunta 9 explicación

La corrección total es la Demora verdadera de la oposición menos la Demora de aguja de Punta Alcázar que es dato del problema.

$$Ct = 206° - 210,5° = -4,5°$$

Pregunta 10 explicación

Unimos ambos Faros con un lápiz y medimos la demora verdadera (visual) del Faro de Punta Carnero desde Punta Europa.

Dv = 244°

Pregunta 11 explicación

Trazamos y medimos con el transportador el rumbo desde el punto de partida sobre la trayectoria que pasa a 3 millas de Punta Europa (tangente a la circunferencia de radio 3' trazada con centro en esta Punta). Este será el rumbo verdadero que no nos piden. Entre las 10 y las 11 hemos navegado 1 hora a velocidad 10 millas/hora por lo que hemos recorrido 10 millas. La situación estimada se mide en el punto que resulta de llevar 10 millas medidas desde el punto inicial sobre el rumbo o derrota que llevamos. Esta será la situación estimada.

Pregunta 12 explicación

La primera parte es similar al problema 11 cambiando el punto de salida y la distancia a la que pasamos de Punta de Cires. Hemos navegado durante 0,5 horas a una velocidad de 10 nudos, luego hemos recorrido 5 millas que se tienen que llevar sobre el rumbo para obtener la situación estimada.

Problema 15 explicación

La corrección total es -5° y el rumbo de aguja es el verdadero menos la corrección total.

Ra = 15°-(-5°) = 20°

Problema 16 explicación

Dibujamos la oposición en la carta y la demora verdadera de Punta Carnero. Cortamos estas dos líneas de posición y obtendremos la situación observada del barco.

Problema 17 explicación

En la carta no se dibuja nada de aguja, por lo tanto convertimos las dos demoras de aguja en verdaderas sumándoles la corrección total y donde se corten esa será la situación estimada del barco.

Dv I. de Tarifa = Da I. de Tarifa + Ct = 270-2° = 268°, Dv Pta Carnero = Da Pta Carnero + Ct = 35° -2° = 33°

Problema 18 explicación

Cortamos la oposición con la enfilación y ese punto será la situación observada del barco.

Problema 19 explicación

Las marcaciones no se dibujan en la carta, pero sumadas al rumbo verdadero permiten obtener demoras verdaderas. Teniendo en cuenta la corrección total es -3° y que las dos marcaciones que nos dan son positivas por ser por estribor calculamos el rumbo verdadero primero y le sumamos cada marcación por separado para obtener las dos demoras verdaderas (la de Pta Gracia y la de Pta Paloma). Las dibujamos en la carta y el punto de corte de ambas es la situación observada del barco.

$Ct = -4,5° + 1,5° = -3°$, $Rv = Ra + Ct = 294°-3° = 291°$

Dv Pta Gracia = Rv + M Gracia = $291° + 25° = 316°$, Dv Pta Paloma = Rv + M Paloma = $291°+120° = 411°-360° = 51°$

Problema 20 explicación

Una línea de posición es la oposición, la otra es la Demora de aguja de Tarifa (convertida a Dv para trazarla en la carta). Pero nos falta la corrección total que nos dan implícitamente Ct = Dv de la oposición - Da de Cabo Espartel. Cortamos la oposición con la demora verdadera de I. de Tarifa y esa será la situación observada.

$Dv = 167°$, $Ct = 167°-175° = -8°$, Dv I Tarifa = Da I Tarifa + Ct = $85°-8° = 77°$

Problema 21 explicación

Ct = Dv enfilación – Da enfilación = $323°-335° = -12°$

Problema 22 explicación

Para calcular la dm actualizada se suma a la dm del año que figura en la carta (2005) la variación anual (7') multiplicada por el número de años que han transcurrido (10). Una vez que tengamos este dato de dm actualizado y redondeado al medio grado se suma al desvío de la aguja para obtener la corrección total.

dm = +7'x 10 años = + 70', dm 2015 = -2° 50' + 70' = -1° 110'+ 70' = -1° 40' = -1,5°

Ct = dm + desvío = $-1,5° + (-0,5°) = -2°$

Problema 23 explicación

Las marcaciones no se dibujan en la carta, pero sumadas al rumbo verdadero permiten obtener demoras verdaderas. Teniendo en cuenta la corrección total es -2° y que las dos marcaciones que nos dan una es positiva por ser por estribor y la otra negativa por ser por babor, calculamos el rumbo verdadero primero (rumbo de aguja más corrección total) y sumamos cada marcación por separado al rumbo verdadero para obtener las dos demoras verdaderas. Las dibujamos en la carta y el punto de corte de ambas es la situación observada del barco.

Rv = Ra + Ct = 188°-2° = 186°, Dv Pta Leona = Rv + M Pta Leona = 186°+ 49° = 235°,

Dv Pta Almina = Rv + M Pta Almina = 186°-18° = 168°

Problema 26 explicación

A la sonda en la carta 7,8 metros se le suma la altura de la pleamar 0,97 m. y se le suma la corrección por presión que en ese día y a esa hora es negativa.
S pleamar = 7,8 m + 0,97 m -0,10 m = 8,67 m

Test de examen completo 1, pregunta de examen 42 explicación

Trazamos las dos demoras verdaderas en la carta y las cortamos, y medimos a continuación la distancia desde el punto de corte a Punta Almina (se lleva esta distancia luego sobre la escala de latitudes para obtener las millas).

Test de examen completo 1, pregunta de examen 43 explicación

La Ct es -4°. El rumbo verdadero que es el que trazamos en la carta se obtiene sumando al rumbo de aguja la corrección total.

El punto de partida está al NW/v de Espartel y 5 millas de este, desde aquí dibujamos el rumbo verdadero sobre el que llevamos la distancia dn = Vb x tn = 6 millas que mediremos sobre la escala de latitudes.

Rv = Ra + Ct = 284°+ (-4°) = 280°

Test de examen completo 1, pregunta de examen 44 explicación

Cortamos las dos demoras verdaderas para obtener el punto de partida, desde aquí trazamos el rumbo para pasar a 3 millas Punta Paloma (una trayectoria tangente a la circunferencia de radio 3' con centro en Punta Paloma), ese será el rumbo verdadero.

Test de examen completo 1, pregunta de examen 45 explicación

Rumbo verdadero sur es el rumbo 180°, el rumbo de aguja será el verdadero menos la corrección total. El tiempo navegado se deberá sumar a la hora de partida para obtener la hora de llegada. El tn = dn/vb = 12/6 = 2 h.

Ra = Rv − Ct = 180°-2° = 178°

Test de examen completo 2, pregunta de examen 42 explicación

La situación observada del barco se obtiene por el corte de dos líneas de posición, que son dos demoras verdaderas:
Dv = Rv + M
Dv Roche = 95°-77° = 18 °
Dv Trafalgar = 95°-23° = 72°

Test de examen completo 2, pregunta de examen 43 explicación

Ct = dm + desvío = dm +4°
Años transcurridos entre 2005 y 2019 = 14, variación anual +7′, total 98′= 1° 38′.
-2° 50′+ 1° 38′= -1° 12′ que redondeando es -1°. Luego Ct = +4°-1° = 3°

Test de examen completo 2, pregunta de examen 44 explicación

Dibuja la Dv 283° de Punta Carnero o Dv op de Pta Carnero 283°-180° = 103° y sobre ella lleva la distancia de 3,2 millas que te indica el problema. Esta es la situación verdadera de partida. Desde aquí debes navegar hasta el destino (esa trayectoria o derrota es el Rv) y tienes que tener en cuenta que el Ra que te piden es (Ra = Rv-Ct) = Rv-(-2°) = Rv + 2°

Test de examen completo 2, pregunta de examen 45 explicación

Hora de llegada = Hora de partida + tn (tiempo navegado).
tn = distancia navegada en millas / velocidad del barco nudos = distancia navegada/ 5 nudos. Te saldrá el tiempo en un número decimal. Tienes que convertirlo a horas y minutos. tn = 5,2 horas. tn = 5h 12 minutos, pues 0,2 x 60 = 12 minutos. Hora de llegada las 14 h 26 min.

TE RECOMENDAMOS:

Estudia el **Resumen de fórmulas de navegación** de la página 250 de "**El Libro del Patrón de Embarcaciones de Recreo PER**" Autor: **Jaime Álvarez.**

Disponible en Amazon
http://amzn.to/2yKLuDs

EL AUTOR

Jaime Álvarez Cascos, Físico por la Universidad Complutense de Madrid, ha trabajado y desempeñado puestos directivos en empresas de Tecnología de la Información y Comunicaciones como Unysis, Digital Equipment Corp., Compaq, Hewlett Packard , y Telefónica. Sus aficiones son la pesca y la navegación deportiva.

Ha sido Director-Gerente de la Escuela Náutica Alta Mar y profesor de patrones de embarcaciones de recreo. El autor, pescador de salmón en los ríos asturianos, y al curricán en la costa o de altura en el Cantábrico desde el Puerto de Luarca, ha dedicado muchas horas a elaborar un libro basado en la experiencia de más de diez años en la formación de patrones, que sin complicaciones, ayude a las personas que quieran iniciarse en este mundo a conocer la mar y a tomar las decisiones más adecuadas en cada situación. El estilo es directo y el autor tiene gran poder de síntesis.

La Escuela Alta Mar está situada en Pozuelo de Alarcón y desde 2004 ha formado más de dos mil patrones de embarcaciones de recreo. Varios de sus Capitanes de Yate han cruzado el Atlántico con éxito.

El libro que tienes entre tus manos es un Libro con Preguntas de examen para comprobar tus conocimientos teóricos sobre la materia, adaptado a la normativa de titulaciones de recreo de 2014.

El autor ha publicado también el Libro del Patrón de Embarcaciones de Recreo (PER).

REGALO: Ejercicios De Carta De Navegación.

Para ver los ejercicios de la carta de navegación los puedes ver en nuestra escuela online.

Entra en:

https://escuelavirtual-altamar.com/regalo

Contraseña:

masaltamar